# Provence
## und Côte d'Azur



## Liebe Leserin, lieber Leser,

ausnahmsweise muss ich dem von mir so verehrten Kurt Tucholsky einmal widersprechen. Wer nach Südfrankreich fahre, hat der kluge Lästerer einmal geschrieben, mache „ein krampfhaft vergnügtes Gesicht" und wage es nicht, sich einzugestehen, dass „es an hundert andern Küsten schöner" sei. Das ist, mit Verlaub, totaler Unfug. Die Sehnsuchtsgedanken an Provence und Côte d'Azur sind bei Menschen wie mir nicht nur allgegenwärtig und immer wiederkehrend, sie werden vor Ort auch reichhaltig erfüllt: Das Land verführt alle Sinne. Die Parfümeure von Grasse betören alle Welt mit ihren Düften. Und wenn auf einer Terrasse der Abendwind über die sonnensatte Haut streicht, Zikaden den Sternenhimmel becircen und ein kleiner Roter der Zunge schmeichelt – was dann, großer Meister Tucholsky? Oder: Wenn man mit dem Fahrrad durch den Luberon fährt, wie es ein MERIAN-Team getan hat, vor Klöstern und moderner Kunst staunt, eine ruhige Kugel auf dem Dorfplatz spielt, beim Pastis unter Platanen die Zeit vergisst, durch Altstädte schlendert. Ich bin sicher, dass dieses MERIAN-Heft Ihnen Geschmack macht auf das Land, das der Dichter keck, aber zu Unrecht befrotzelte.

Richtungsweisend: MERIAN-Team auf Recherche

Andreas Hallaschka
MERIAN-Chefredakteur

### WILFRIED BAUER – EIN GROSSER FOTOGRAF

Auf Spurensuche mit dem Krimi-Autor Pierre Magnan durch die einsame Hochprovence – das war ein Auftrag so ganz im Sinne Wilfried Bauers. Er las Magnans Romane, studierte akribisch Reiseführer und Landkarten und war meist schon vor Tagesanbruch unterwegs. Als der Selbstkritische zurückkam nach Hamburg und MERIAN seine Fotos präsentierte, war er zufrieden und die Redaktion begeistert. Kurze Zeit später stürzte sich der 61-Jährige aus dem Fenster seiner Hamburger Wohnung. Seine Zerrissenheit, sein Leiden, dem eigenen Anspruch nicht zu genügen, und zunehmende Missachtung hat er nicht mehr verkraftet. Er war einst hochgerühmt ob seines Könnens und wurde später ein Opfer des veränderten Zeitgeschmacks. MERIAN hat einen seiner Besten verloren, seine fotografische Handschrift wird unserer Zeitschrift fehlen. Ab Seite 76 drucken wir Wilfried Bauers letzte Reportage.

Nie ohne Kameras: Wilfried Bauer

# INHALT

# Provence und Côte d'Azur



>> Titelthemen

SEITE 40
**LUBERON**
Picknick am Wegrand: Bei einer Radtour durch das bezaubernde Bergland verbinden sich Lust an Fitness und „Brot-Käse-Rotwein" auf ideale Weise

## MERIAN | Service >> AB SEITE 109

des 13 Coins

Volle Dröhnung: Maserati und Ferrari beim 1. Großen Preis von Monaco 1950 – gewonnen hat Alfa Romeo

Monaco wächst: Platz zur Vergrößerung des Fürstentums ist nur im Meer und in der Höhe

## KLEINSTAAT **Großer** Preis

Fürst Rainier war ein Jahr Regent, als 1950 der 1. Grand Prix von Monaco gestartet wurde: Weil hereingeschwapptes Meerwasser eine Kurve geflutet hatte, war das Rennen für die Hälfte der Fahrer schon in Runde 1 vorbei. Seiner Durchlauchtigsten Hoheit gelang 1956 durch die Hochzeit mit Grace Kelly ein Joint Venture zwischen Glamour und Grimaldi. Rainier betrieb mit Steuerfreiheit aktive Standortpolitik, nutzte den Jetset als Werbeträger und machte seinen einstigen Piratenfelsen zu einem der heißesten Immobilienstandorte der Welt. Als er 2005 starb, übernahm Sohn Albert ein „gut geführtes Unternehmen".

1955 1961 1973 1981 1986 1999 2000

Fort Saint-André in Villeneuve-lès-Avignon zeigte im Jahr 1955 der Titel des ersten MERIAN-Heftes Provence, ein Garten bei Gordes schmückte das Heft vom Jahr 2000

Stadtmarathon: Stempel auf der Wolle zeigen, wem die Schafe gehören

## FOLKLORE **Massen**demo

Wenn Ende Mai der letzte Grashalm in der Ebene der Crau gefressen war, zogen die Schäfer mit ihren Herden tagelang in die Berge. Vorbei die Zeiten dieser Transhumanz, die Tiere werden per Lkw gefahren. Aber Saint-Rémy-de-Provence feiert am Pfingstmontag ein großes Erinnerungsfest. Begleitet von Hirten, Hunden, Ziegen und Eseln zwängen sich Tausende von blökenden Wolldecken durch die Straßen – einmal hin und wieder zurück.

WAS WÄRE DIE WELT
OHNE GENUSS?
CUVÉE
Riesling Sekt
TROCKEN
Fürst von Metternich
RIESLING SEKT – FÜRSTLICH GENIESSEN
FÜRST VON METTERNICH RIESLING SEKT GIBT ES IN DEN CUVÉES TROCKEN, EXTRA TROCKEN UND BRUT JAHRGANG · WWW.FUERST-VON-METTERNICH.COM

## BOULE Kugelkünstler

Einst waren sie aus Bronze oder aus Buchsbaumholz von den Steilwänden der Verdon-Schlucht, in das man Nägel trieb. 1927 ersann ein Schlosser fürs Boulespiel hohle Stahlkugeln, aus zwei Hälften zusammengeschweißt. Damals warf man sie auch nicht mehr mit Anlauf, sondern „les pieds tanqués", mit zusammenstehenden Füßen. Das hatte sich 1910 ein vom Rheuma geplagter älterer Herr so ausgedacht: Jules le Noir, der Vater des Volkssports Pétanque.

Heißer Ofen: Rohlinge werden erhitzt

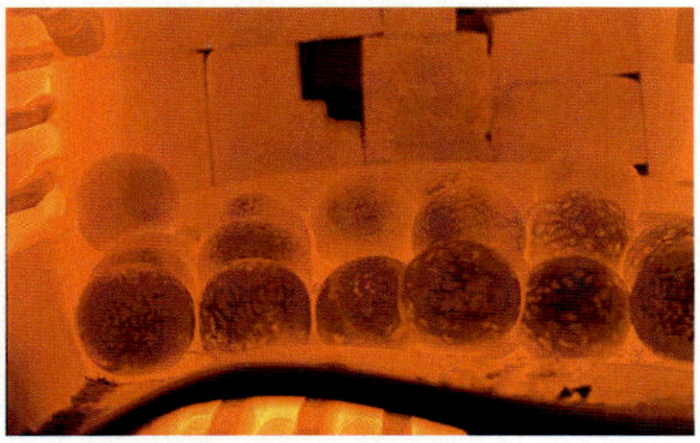
Rotglut: Der Stahl wird formbar

Feuerball: Zwei Hälften wurden ein Ganzes

Feinarbeit: glätten, polieren, eloxieren

Vor Ehrfurcht steif führen die Camargue-Cowboys die Prozession zum Meer

## WALLFAHRT Ritt ins Meer

„Vive les Saintes Maries! Vive la Sainte Sara!", rufen am 24. Mai die aus ganz Europa angereisten Sinti- und Roma-Pilger und ziehen in großer Prozession ans Wasser. Vom Meer seien einst die drei Marias und ihre kleine Dienerin Sara gekommen, um den neuen Glauben ins Land zu bringen. Gardians auf weißen Camargue-Pferden sind die Vorreiter. Der Bischof von Arles spendet den Segen – und dann kann die fromme und fröhliche Sause in Les-Saintes-Maries-de-la-Mer beginnen.

In einer Stunde umrundet: Île Saint-Honorat

## KLOSTERFERIEN Beten inklusive

Der heilige Honoratius gründete im Jahr 405 auf der Insel vor Cannes, die seinen Namen trägt, ein Kloster. Bis heute leben hier, von Jahrzehnten der Unterbrechung nach der Grande Révolution abgesehen, Mönche. Sie keltern einen Wein (Cuvée Saint-Pierre), für den Kenner gern kräftig bluten. Und sie bieten maximal für eine Woche klösterlichen Frieden in karger Kammer. Lange Anmeldefrist! www.abbayedelerins.com

Reifeprüfung: Ziegenkäse Marke Banon aus der Fromagerie von Sabine Ferrari

FEINKOST

## **Ziegen**zauber

Sabine Ferrari liebt ihre Tiere. Und ihr Banon-Ziegenkäse ist eine Wucht. Eine mit viel Erfahrung austarierte Mischung aus Milch, Molke und Lab stellt sie in Bechern zum Abtropfen auf ein Gitter. Das fertige Produkt wickelt die Käserin, die nebenbei Dorfbürgermeisterin von Curel-sur-Jabon ist, in Blätter von Esskastanien und verschnürt es mit einem Band aus Bast. Bei richtiger Reife bewegt sich der Käse unmerklich sacht aus dem Anschnitt. **Curel-sur-Jabon, Les Remises Tel. 04 92 62 02 63**

## SCHLAGZEILEN Napoleon

Er war aus dem Elba-Exil abgehauen, am 1. März 1815 mit seiner Leibgarde in Golfe-Juan gelandet, um im Eilmarsch nach Paris zu ziehen. Die Empörung der Zeitungen haben ihn begleitet.

» Der Unhold ist aus seiner Verbannung entronnen …

Der korsische Werwolf ist bei Kap San Juan gelandet.

Der Tiger hat sich zu Gap sehen lassen … mag er noch einige Tage als elender Abenteurer im Bergland umherirren.

Das Ungeheuer ist tatsächlich, man weiß nicht, durch wessen Verräterei, bis Grenoble gekommen.

Der Tyrann hat sich in Lyon verweilt. Entsetzen und Abscheu lähmt alle …

Bonaparte nähert sich mit ruchlos-starken Schritten.

Napoleon wird morgen Nachmittag unter den Mauern von Paris erwartet.

Gestern abend hielten Seine Majestät der Kaiser und König ihren Einzug in den Palast der Tuilerien: Der Jubel … ist unbeschreiblich! «

STIERKAMPF

## **Rinder**spiele

Wenn Weiß gegen Schwarz kämpft, landet der eine nicht im Krankenhaus und der andere nicht im Schlachthof – höchstens fliegen beide mal hinter die Bande. Unblutig ist die provenzalische Bullenhatz: Ein *razeteur* muss dem Kraftpaket auf vier Hufen eine aufgesteckte Kokarde entreißen. Doch ein Camargue-Stier mit den lyraförmigen Hörnern scheint zu wissen: Wenn er rigoros angreift, haut der Gegner ab und geht ihm nicht an den Kopfschmuck. Das Spektakel hat nichts mit dem rituellen spanischen Nackenstechen zu tun, ist aber genauso beliebt. Zu erleben in vielen provenzalischen Orten. Die Saison beginnt zu Ostern und geht erst spät im Herbst zu Ende.

Fliegender Bulle: mit überschießender Kraft aus der Arena

Die Private Banking Prüfinstanz
PLATZ 1
in der Kategorie
Top-Portfoliomanagement
FUCHS REPORT
TOPS 06
IQF • Fuchsbriefe • firstfive
»Ich will eine Bank, die sich durch Höchstleistung auszeichnet.«
Das Private Banking der Dresdner Bank.
Innovative Lösungen für Ihr Vermögen.
www.dresdner-bank.de/private-banking
Dresdner Bank
Die Beraterbank
Ein Unternehmen der Allianz

Vorsprung durch Technik www.audi.de/q7globe
HH NN 279
Q7
Audi

Foto: Walter Schmitz

# Jeder erlebt hier sein blaues Wunder

**Zwischen Meer und Hochgebirge, Rhône und Italien liegt ein Land, das im Nu die Sinne erobert und zum Schwärmen verführt**

Die Palme, die aus diesem Villengarten in Èze aufragt, stammt von den Kanarischen Inseln. Phoenix canariensis kann auch mal ein b sschen Frost vertragen und widersteht der salzigen Meeresluft

Foto: Walter Schmitz

# Ein Ort mit stabilem Ruhepuls

In den dreißiger Jahren war das friedliche Sanary-sur-Mer „heimliche Hauptstadt der deutschen Literatur“ – und das Hôtel de la Tour Refugium für manchen nach der Flucht aus Nazideutschland

Auf der Höhe musste man zusammenrücken: das verschachtelte Roquebrune auf dem braunen Felsen, der Namensgeber war

# Villages perchés heißen die Nester auf der Höhe

Foto: Gérard Sioen

Pause vom goldenen Schnitt: In diesem Salon in Sisteron haben Modetrends ein langes Leben

# Wer hier ankert, will nie wieder aus der Bucht

Calanque d'En-Vau zwischen Marseille und Cassis ist einer der kleinen Fjorde mit türkis funkelndem Wasser und steilen Kalksteinflanken

Foto: Walter Schmitz

Wie glühende Wunden muten die Steinbrüche von Roussillon an. Hier wurden einst Farbpigmente gewonnen und in die Welt exportiert

Foto: Patrick Loertscher

Frühmorgens in Roussillon: Das Farbenspiel beginnt

Erst à la carte im „Cascade", dann tanzen in den „Caves du Roy" in Saint-Tropez, dem einzigen Ferienort an der Côte d'Azur, den die Franzosen selber entdeckt haben

Freundlicher Empfang vor einem Vorhang aus Wasser: Das Hotel „Le 3,14“ in Cannes ist die Antwort auf die pompösen Schnörkel der Belle Époque

# Das Pendel zwischen „in“ und „out“ schlägt schnell

Jardin Exotique in Èze: Über dem Gemäuer einer mittelalterlichen Burg ist's hinreißend stachelig. Und am Nationalfeiertag wird auch für Kakteen die Trikolore gehisst

# Im Garten Eden schlägt auch Unkraut Wurzeln

**Es war ein genialer Einfall des Dichters Stephen Liégeard, einen einst bedeutungslosen Landstrich Côte d'Azur zu nennen. Das suggeriert immerwährenden Frühling, ewige Jugend und paradiesischen Luxus. Außerdem: Der blaue Himmel überspannt genauso alle Hässlichkeiten**

**„Gestatten: Jean, Jean Cocteau. Mein Name ist der Plural von Cocktail."** Ob beim 100-jährigen Cognac in der Bar du Sube über dem Quai von Saint-Tropez oder beim Nachmittagstee im wenige Jahre jüngeren Negresco an der verkehrsumbrausten Promenade des Anglais in Nizza – es ist schwer, vom Personal die alten Anekdoten längst verstorbener Exzentriker nicht mitserviert zu bekommen. *Très charmant* – und doch Staubzucker, der das Image der Côte d'Azur manchmal eher grau als blau aussehen lässt.

Vor über 200 Jahren entdeckten die *hivernants*, kränkelnde britische Winterfrischler, die Riviera zwischen Nizza und Cannes und blieben nach der beschwerlichen Anreise monatelang, ja oft lebenslang da – eine bahnbrechende Form des Reisens, die nicht nach Sehenswürdigkeiten und Bildung gierte, sondern ganz in der gesunden Lieblichkeit der Küstenlandschaft aufging. 1887 gelang dem Dichter Stephen Liégeard, wovon noch heute jeder Urlaubstexter träumt: der ultimative Slogan „Côte d'Azur", in dem magisch die Farbe des Meeres, das Blau der Romantik und der erotischen Liebessehnsucht zusammenspielt, wie sie Françoise Hardy in ihrem Chanson „L'heure bleue" besingt: *C'est l'heure de l'attente quand on est amoureux attendre celui qu'on aime.*

Im Goldenen Jahrhundert zwischen 1860 und 1970 musste tout le monde an der Küste der Zitronengärten und italienisch pittoresken Fischer- und Piratenstädtchen absteigen: Zarinnen und Generäle, Sänger und Kurtisanen, Tänzerinnen und Dichter, Hollywoodstars und natürlich 007: „Die Côte d'Azur ist Bond-Territorium. Es ist definitiv eine der Gegenden, die er wie seine Westentasche kennt" (Pierce Brosnan). Dieser Reigen an Geld, müder Macht und Yacht-Prominenz hat eine einzigartige Kulisse an blühenden Parks und Villen, an Grandhotels und Uferpromenaden hinterlassen, deren optische Präsenz ewigen Frühling und nimmer endenden Wohlstand suggeriert.

Auch heute wird der Gast fast unweigerlich auf Zeitreise in eine Epoche virtuoser Selbstinszenierung geschickt: Wo auf der Welt kann man Domizile wie die marmorglatte Villa Kérylos durchstreifen, die sich ein sozialistischer Griechisch-Professor im Stil eines homerischen Hauses auf einer Meeresklippe in Beaulieu errichten ließ? Wo außer im Zitronenort Menton kann man in einem Standesamt heiraten, das ein homosexueller Künstler wie Jean Cocteau mit heiter-tiefgründigen Fresken ausgemalt hat? Wo kann man so stilvoll am Sandstrand eisgekühlten Pouilly-Fuissé schlürfen wie an der Baie de Pampelonne in Saint-Tropez?

„Für Neues ist an unseren zugebauten Küsten und überentdeckten *villages perchés* (Bergdörfern) nicht viel Platz: An der Côte d'Azur verändert sich die Welt langsamer als anderswo", meint denn auch die skeptische Marseiller Studentin Yvette, die durch die Flure der Villa Rothschild im besagten Beaulieu führt, in der eine jüdische Bankierstochter zwischen ihren Weltreisen einst Marie-Antoinette spielte. Wirklich? Heute sind die besten „Kunden" der Villa reiche Perser, die schiitische Hochzeiten in diesen Kulissen des Alten Europa feiern.

Denn hinter den Fassaden der Belle Époque hat sich alles verändert und genau das macht heute die morbide Spannung des Küstenstreifens aus. Die internationale Schicht, die einst den Luxus-Mythos schuf, begibt sich lieber in das Abenteuer Business, statt das Leben in Schönheit zu verträumen. Die Prominenz lässt sich alljährlich zum Filmfestival in Cannes sehen, englische Popstars erhalten nach wie vor ihre gesellschaftliche Champagnertaufe in Saint-Tropez, aber monatelang untertauchen, das tut man, wenn überhaupt noch, in einem Loft in New York oder auf einer Karibikinsel. Westlicher Zeitgeist, der es im Sinne von Sir Terence Conran vorzieht, Kaviar in einer umgebauten Garage zu zelebrieren, kann mit dem altmodisch ungebrochenen Luxus der Grandhotels, dieser Schlösser des 19. Jahrhunderts, wenig anfangen: *unsophisticated*, obsoleter französischer Pomp, viel zu wenig Hideaway. Längst entscheidet sich die weltweite Bademode nicht mehr an den liegestuhlbestückten Stränden zwischen Baie des Anges und Croisette …

**Doch zur Freude der Hoteliers, die in den letzten Jahrzehnten oft nicht wussten,** wie sie ihre verstaubenden Hotelburgen füllen sollten und sie in Résidences umwandelten, sind längst neue dankbarere und ausgabefreudigere Nationen da: Japaner, Araber und allen voran *les Russes*, die an eine glorreiche Vergangenheit anknüpfen: ins Zarinnenbad Nizza mit seiner orthodoxen Nikolaus-Kathedrale starten täglich Charter von

Wasserfarbenspiele: Gäste des Hôtel du Cap Eden-Roc fuhren früher per Seilbahn zum Meer, heute ist für sie der Pool reserviert

Moskau. Klar, dass sich die Paparazzi der Tageszeitung *Nice-Matin* auf die „barbarische" Opulenz der *nouveaux riches* einschießen, die nachts die Pelzboutiquen von Cannes und Nizza stürmen. Das Gros der Pauschalurlauber deckt sich derweilen spießig im Piroggenimbiss ein, der längst seinen Einzug an der Côte gehalten hat. Immmerhin, hier tut sich Neues, und wenn sich an den Strandbars von La Californie oder Juan-les-Pins tätowierte britische Jugendliche aus dem Billigflieger mit jungen Slawinnen, die auf Schweizer Internaten Französisch büffeln, beschnüffeln, kann es spannend werden.

„Die Ausländer sind die einzige Mitgift, die das bis 1860 italienische Nizza in die Ehe mit Frankreich eingebracht hat", spottet der einheimische Dichter Max Gallo, selbst Sohn italienischer Immigranten. Internationalität ist bis heute das Lebenselixier dieser Region, in der ungewöhnlich viele Franzosen bereitwillig englisch sprechen und in der andererseits – schon aus Trotz gegen Paris – der nationalistische Front National überdurchschnittlich stark ist.

**Raus aus dem Muff der Großstadtateliers: ein Hauch Anti-Paris weht bis heute durch Frankreichs Vorzeigekunstlandschaft.** Noch immer zehrt die Côte d'Azur vom jugendlichen, ja rebellischen Image moderner Malerei. Hier ist im blauen Licht des Midi Bahnbrechendes geschaffen worden: Picasso arbeitet in der Not der Nachkriegszeiten in Antibes mit lackbunten Bootsfarben, der zittrige Rollstuhlfahrer Renoir lässt sich im Olivenhain von Cagnes den Pinsel an die Hand binden, Matisse liebt das Fluidum des Südens und konzentriert sich doch auf japanisch-farbige Innenräume, und Chagall illustriert mit chassidischer Erzählfreude das Hohelied. Auch 40 Jahre nach ihrer Gründung becirct die Fondation Maeght am Ortsrand von Saint-Paul-de-Vence durch ihre futuristisch-luzide Konzeption – doch längst sind diese Meisterwerke auch Stationen einer bildungsbürgerlichen Pflichtreise geworden. Klassiker, die man anstaunt, wie man früher Rubens und Rembrandt seinen Tribut zollte. Selbst Nizzas „Junger Wilder" Yves Klein, der seine nackten Modelle sich in azurblauer Farbe wälzen ließ, ist längst ein Fall für das erfrischend aktuelle Museum MAMAC in seiner Heimatstadt. Würde ein Nachfolger im „geschlechtskorrekten" Heute mit ähnlichem Body-Painting auftreten, würde er genau den Skandal produzieren, der der künstlerisch saturierten Côte fehlt. Denn zu teuer, zu voll, auch im Hinterland zu etabliert, ist sie kein magischer Ort mehr, an dem sich junge Künstler reiben: eine Traum für Museumsbesucher, nicht für Kreative.

Wo steckt dann heute der *élan vital*, das ungebrochene blaue Leuchten der Côte d'Azur? Oder ist die älteste Tourismuslandschaft der Welt zur permanenten Nostalgieshow gekippt, in der der Tourismus seine eigene Geschichte besichtigt?

Tatsache ist: Monaco hat die Kurve zur Moderne am besten gekriegt und in der Regenbogenpresse den verstädterten Badeorten Cannes, Nizza,

Der Park der Domaine du Rayol vereinigt Flora aller Kontinente – und endet in mediterraner Wildnis am Meer

ja Saint-Tropez den Rang abgelaufen. Ein Loft an der Condamine gilt in der Welt des Neuen Geldes als dynamisch. viel mehr als eine Villa in Cimiez – auch weil sich Monaco mit Formel 1 und Fußballteam ein modernes Image zu geben wusste, das die Idylle von Casino und Oper ergänzt und genauso viel Grimaldi-Glamour dosiert, wie es telegen statt zopfig wirkt.

Heißt das französische Gegenbeispiel dazu Sophia-Antipolis, die Wissenschafts- und Technologieschmiede? Unicampus und Silicon Valley mit hunderten globalen Firmen auf dem knappen grünen Rasen bei Valbonne und Biot? Oder ist es doch das nahe am Kunstkitsch vorbeischrammende Saint-Paul-de-Vence, dessen mittelalterliches Zentrum fest in der Hand von Galerien und Boutiquen ist? Denn dort wird fast museal am Ortsrand das Einfachste gehegt: Unter Platanen treffen sich die Pétanque-Spieler auf der für Fremde gesperrten Boule-Bahn. Ist luxusfreie Normalität nicht das Seltenste an der Côte? Schwätzchen mit den Zitronenbauern von Menton, den letzten einheimischen Fischern, ja den lässigen flics, die in Bermudas die Strände entlangradeln, oder gar den allgegenwärtigen alten Damen mit penibel coiffiertem Pudel. **Meine liebsten Schauplätze einer bodenständigen Côte d'Azur sind die betörenden Märkte,** die wie in Gilbert Bécauds Les Marchés de Provence „jeden Morgen nach Meer und Midi" duften. Antibes, Menton – hier wird unter einem Dach die geballte Palette französischer und italienischer Produkte angeboten: basilikumgrünes *Pistou* und olivenschwarze *Tapenade*, magentarote Ochsenherztomaten und mentongelbe Zitronen, Raviolibonbons und Rochenflügel. Spätestens seit Kochpapst Alain Ducasse, der als erster Chef in Paris und Monaco gleichzeitig Dreisternlokale führt, der Riviera ein begeistertes Kochbuch gewidmet hat, ist die Côte zur Schlüssellandschaft moderner *cuisine française* avanciert. Denn mit ihrer leichten Olivenöl- und Bittersalatküche liegt sie voll im mediterranen Trend, der längst Paris und die Gastro-Guides erreicht hat – eine inspirierend-aktuelle Bereicherung der Grande Nation aus dem okzitanischen Süden.

Es hilft nichts: Wer die Côte d'Azur begreifen will, muss sich damit abfinden, Klischees zu genießen und glücklich über Luxus zu staunen. Ein ironischer Theaterblick hilft dabei mehr als eine prall gefüllte Scheckkarte. Denn ohne das Schauspiel des morbiden Luxus mit all seinen arroganten oder lässigen, komischen oder überforderten Darstellern wäre die Côte d'Azur ein austauschbares Stück Mittelmeer. Ein guter Tisch im Restaurant, ein Flirt auf einer mit Bougainvillea überblühten Bank hoch über der Bucht, der Duft eines Veilchenparfüms aus Grasse kann freilich ungemein helfen, die Sehnsucht und Sinnlichkeit, die aus dem glühend mediterranen Blau Yves Kleins spricht, an der Blauen Küste frisch zu erleben. □

**Peter Peter** *schreibt über Grand Tourisme, Mediterranea und Gastronomie. Er ist Restaurantkritiker der FAZ.*

Bezaubernde Annäherung über die Moyenne Corniche: Im letzten Licht streckt sich der Schlossberg zum Meer. Das Schloss des damals savoyischen Nizza ließen die Franzosen Anfang des 18. Jhs. verschwinden

# Nizza
## Schönheit vor Alter

Unter den Dächern der Großstadt am Strand ist noch immer der Geist einer selbstverliebten europäischen Gesellschaft des 19.Jahrhunderts lebendig

Text: Ellen Katja Jaeckel, Fotos: Arthur F. Selbach

Wintergäste wollten unterhalten sein. Das ging am besten mit Oper. Nietzsche lernte hier Bizets „Carmen“ lieben – und verkrachte sich deshalb mit Wagner

Zu den berühmten Gästen des Hotels Beau Rivage gehörte Henri Matisse. 1917 kam er wegen chronischer Bronchitis nach Nizza. Der Blick über Strand und Meer half dem Maler bei der Genesung

Ligurisches Erbe: ockerfarbene Häuser und nach oben geklappte Fensterläden

Im Regina Palace lebte Matisse 16 Jahre bis zu seinem Tod 1954. Ganz in der Nähe wurde dieses Museum für den Meister eingerichtet

# Überwintern war die erste Leidenschaft

**„Nizza besitzt einen Berg, der ist kahl, ein Schloss, das ist abgerissen, einen Hafen, der ist nicht tief genug, einen Strand, der ist in Cannes, und Spielcasinos, die sind in Monaco."** Das Bonmot des Académicien Victorien Sardou bringt es auf den Punkt: Nizza hat alles, doch irgendwie spielt sich das wirkliche Leben anderswo ab. 100 Jahre später ist der Mont Boron mit Villen besiedelt, dem Hafen hat man einen neuen Kai verpasst, damit endlich die Luxusliner, die bislang in der Bucht von Villefranche ankerten, ihre Kreuzfahrer in Nizza ausspucken können. An das von Truppen Ludwigs XIV. geschleifte Schloss erinnert tatsächlich nur der Name des Hügels, der das Hafenviertel von der italienisch geprägten Altstadt und der bis zur Mündung des Var reichenden neuen Stadt trennt.

Unterhalb des Schlossbergs beginnt die Strandpromenade, die hier noch Quai des États-Unis heißt – die Stadt weiß, was sie ihren Gästen schuldet –, um in die Promenade des Anglais überzugehen. Wer die berühmtesten Straßen der Welt aufzählt, wird schnell auf diesen Boulevard kommen. Und stellt fest: Paris, Berlin und London liegen nicht am Meer, weshalb überhaupt nur die Avenida Atlântica mithalten kann. Hier wie an der Copacabana teilen sich Jogger, Skater, Fahrradfahrer, Schaulustige, Müßiggänger und diverse Vierbeiner das breite Pflaster. Fast scheint es, als spiele sich der Markt der Eitelkeit auf dem Boulevard und nicht am Strand selbst ab. Denn der befindet sich ja in Cannes mit seinem feinkörnigen, aufgeschütteten, senffarbenen Sand, in dem sich die gestählten, frisch operierten, ewig jungen Leiber räkeln. In Nizza hingegen klatschen die Wellen der Engelsbucht auf harte Kiesel – aber in welchen Schattierungen! Türkis, Smaragd, Indigo, Matisse-Grün, Yves-Klein-Blau: Niemals werde sie müde, diese Färbungen, die sich in weißem kräuselndem Schaum auflösen, zu betrachten, meint die zierliche Madame Cardelli, Betreiberin eines sympathischen Bistrots in der zweiten Reihe an der Corniche. Seit fast 30 Jahren stellt sie morgens um acht Uhr vier runde Tische und Rattanstühle auf den Gehsteig, auch im Winter. Sonnenstrahlen gibt es fast immer, die Heizlampen sind nur wenige Wochen im Einsatz. Was sich verändert habe, will ich wissen. Rien du tout, entgegnet sie lachend und erstaunt, Nizza sei keine Stadt der großen Neuerungen. Ihre Klientel jedenfalls sei nicht jünger, aber auch nicht älter geworden. Offiziell zählt Nizza 27 Prozent Rentner, nicht mitgerechnet all diejenigen, die hier überwintern.

Die Stadt verdankt diesen *hivernants* ihren Aufstieg und Ruhm. Als erstes kamen blasse, hüstelnde Engländer auf der Suche nach Linderung ihrer diversen Beschwerden. Der lungenkranke Schotte Tobias Smollett entdeckte das Seewasser und die Rundungen der weiblichen Bevölkerung: „Most of the females are pot-bellied, a circumstance owing, I believe, to the great quantity of vegetable trash which they eat." Smolletts kritischer Reisebericht von 1766 macht Nizza schlagartig in England bekannt und immer mehr machen sich auf die beschwerliche Reise über den Kontinent, um unter Palmen und Orangen ein sorgloses Leben zu führen. 1787 zählt man bereits 115 ausländische Familien in Nizza. Das Land war bitter- arm, bevor diese ersten Touristen kamen, die Nizzas Wirtschaftsaufschwung bedeuteten. Der berühmt-berüchtigte Bürgermeister Jacques Médecin hat in seiner zweiten Karriere als Kochbuchautor das Rezept der *l'aiga sou,* der Salzwasser-Suppe, wieder ausgegraben, das an diese archaische Zeit erinnert.

Den Tuberkulösen folgten gelangweilte Adlige, Abenteurer, Hasardeure. Und die wollten unterhalten werden! Es entstanden ein Theater, Schweizer Herrenclubs, walisische Geselligkeitsvereine. Solange das Glücksspiel in Frankreich, Italien und Deutschland verboten blieb, fuhr man nach Monte Carlo. Bis heute sind alle Versuche der Kommune Nizza, an Monte heranzukommen, gescheitert. Weder das skandalumwitterte Palais de la Méditerranée, das nach Jahrzehnten der Bauspekulation und des Verfalls in ein Luxushotel verwandelt wurde, noch das unansehnliche Casino Ruhl kommen an die Pracht Monacos heran. Als man nicht mehr en famille wohnte, entstanden die ersten Hotels an der staubigen Uferstraße, die auf Initiative des karitativ eingestellten Reverend Lewis Way zum Camin dei Inglès mit Hilfe einer Kollekte seiner britischen Landsleute ausgebaut wurde. Die meisten der heute 204 Hotels Nizzas – das ist prozentual zur Bevölkerung gesehen einsame Spitze in Frankreich – liegen in Laufnähe der Promenade des Anglais.

**„Es gibt ein italienisches Nizza und ein englisches“, bestimmte Alexandre Dumas. Der Italien nahe stehende Schriftsteller wäre gar nicht auf die Idee gekommen, die Stadt könnte französisch sein.** Das wurde sie auch erst im April 1860 durch ein klares Plebiszit: 6813 Jastimmen gegen 11 Neinstimmen (bei allerdings etwa 5000 Enthaltungen): Es ist eine Ironie des Schicksals, dass Giuseppe Garibaldis Geburtsstadt für Frankreich votierte. Nach einem halben Jahrtausend der Zugehörigkeit zu Savoyen und der Konkurrenz zum ungleich mächtigeren Turin und Genua war der Wahlausgang kein Wunder. Nizza profitierte denn auch nachhaltig vom Anschluss an Frankreich, Kaiser Napoléon III. hielt seine Versprechen, der wirtschaftliche und verkehrstechnische Anschluss durch Schiene, Straße und Brücken ging schnell voran.

Es war die Stunde der Architekten: Eine Oper musste her, kein geringerer als Charles Garnier entwarf die Pläne; Sébastien-Marcel Biasini das pompöse Excelsior Régina, in dem Queen Victoria drei Winter lang mit ihrem 50-köpfigen Gefolge residieren sollte; Bouchot den Bahnhof, der schon vier Jahre nach dem Anschluss eröffnet wurde. Ab 1929 endete hier der berühmte Train bleu, Vorbild für zahlreiche blue trains in aller Welt. Das Casino de la Jetée-Promenade, 1891 eingeweiht, symbolisierte mit seinen Baumaterialien aus Glas und Eisen Nizzas Modernität. Ein Jammer, dass es 1944, ohne ersichtlichen Grund, abgerissen wurde.

Nizza entwickelte sich unter allen Metropolen Europas am schnellsten, es war seine Belle Époque. Zwischen 1871 und 1914 schlürfte die crème de la crème der europäischen Freizeitgesellschaft im Wintersalon Nizza Champagner: Kaiser, Könige, Zaren, Fürsten und die dazugehörige Demimonde aus Hochstaplern, Künstlern und Mätressen. „A sunny place for shady people“, wie Somerset Maugham sagte. In der sengenden Hitze des Sommers blieben die Grandhotels geschlossen, das blieb so bis in die späten Zwanziger, als der Erste Weltkrieg längst die Schönen und Reichen vertrieben hatte. Scandaleux diese Négresse Josephine Baker, die ihre dunkle Haut schamlos zur Schau stellte – eine Mode war geboren. Vorbei die Zeit, als rosafarbener Teint das Markenzeichen von pubertierenden Tennisspielerinnen war, der neue look sportif war lässig wie die Jazzmusiker an den Stränden.

Dass Nizza nicht nur von der Legende weiterbestehen konnte, war dem Bürgermeister Jean Médecin schnell klar. Unter seiner Führung begann die allmähliche Loslösung vom Tourismus als einzigem Wirtschaftsfaktor.

Frühling am Quai des États-Unis: Für die Amerikaner beginnt der Laufsteg am Meer, als Promenade de Anglais setzt er sich fort

Er baute in seiner 24-jährigen Amtszeit Nizza zur modernen Stadt aus: die Promenade des Anglais wurde erweitert, der Flughafen – heute zweitgrößter Frankreichs – gebaut. In den Victorine-Studios entstanden Filmklassiker wie „Les Enfants du Paradis" (Kinder des Olymp). Das Centre Universitaire Méditerranéen mündete in Nizzas Universität.

**Jean Médecin „vererbte" sein Amt seinem Sohn Jacques, einer schillernden Figur, die die Sprache des Volkes, nämlich Nissart, sprach, und meinte, von den Medici abzustammen.** Auf Dienstreisen in die USA trug er sich manchmal mit „Graf von Médicis" ins Gästebuch ein. Der Draufgänger, der zeitweilig Giscard d'Estaing als Tourismusminister diente, prägte den Begriff médicinisme, gleichbedeutend mit der Korruption, die unter ihm blühte. Unverblümt bekannte er sich zu einer radikal rechten Gesinnung: als in Paris die Linke an die Macht kam, bezeichnete er sein Reich als „Oase der Freiheit im französischen Gulag". Médecin machte auch keinen Hehl aus seinen guten Beziehungen zur südafrikanischen Apartheid-Regierung und verschwisterte 1974 Nizza mit Kapstadt. Unter ihm wurde das klimasichere Nizza zur beliebtesten Kongressstadt Mitteleuropas ausgebaut. Als er 1990 wegen zahlreicher Mafia-Aktivitäten aus dem Bürgermeisteramt gejagt wurde, trumpfte er aus dem südamerikanischen Exil noch einmal mit einem Bestseller, dem Nizza-Kochbuch, auf.

Seit über zehn Jahren regiert nun Jacques Peyrat die Stadt, ein Kolonial-Haudegen und langjähriger Weggefährte von Le Pen, der freilich clever genug war, vor den Wahlen aus der Front National (FN) aus- und in die neue bürgerliche Partei „Union pour un Mouvement Populaire" (UMP) einzutreten.

Das Misstrauen gegen das Fremde und gegen die Oberen in Paris ist noch immer bezeichnend für das politische Klima Nizzas. Hier stoßen die *pieds-noirs,* jene französischen Kolonialisten, die in den 60er Jahren aus ihrer nordafrikanischen Heimat flohen, wieder auf arabische Arbeiter, aber diesmal sind die Rollen nicht so klar festgelegt. Die einen kämpfen um Arbeit, die anderen um den Erhalt vermeintlicher Privilegien und hängen der großen alten Zeit Nizzas nach.

Nizza hat nach wie vor zwei Gesichter: das italienische mit seinen ockerfarbenen Häusern, deren Fensterläden nach oben geklappt werden wie im benachbarten Ligurien, seiner alternativen Szene, seinen Barockkirchen und dem Café de Turin – und das elitäre Nizza, das sich in den längst zu Appartementwohnungen umgewandelten Grandhotels abschottet.

Oben auf dem Burghügel, wo die Phokäer vor 2500 Jahren siedelten, lese ich im Boden eingelassene Verse aus der Odyssee und aus Du Bellays „Regrets": „Heureux qui comme Ulysse a fait un beau voyage…" (Glücklich, wer wie Odysseus eine schöne Reise gemacht hat…). Jedes französische Schulkind kennt die Verse des Pléiade-Dichters. Sie drücken die Sehnsucht zur Heimat aus. Der Blick schweift noch einmal über den Bogen, den das Meer hier beschreibt. Hinter mir ein Sprachengewirr aus Italienisch, Russisch, Chinesisch, Nissart und Arabisch. Nizza gehört ihnen allen. □

**Ellen Katja Jaeckel,** *geboren 1968, leitet das DAAD-Informationszentrum in Athen und schreibt über Frankreich, Italien und Griechenland.*

## Die Sonne ist heute Stimmungskanone

Von Sonnenauf- bis -untergang changiert das Wasser der Engelsbucht in allen Nuancen von Blau. Über den Strandkieseln löst es sich in Schaum auf

## GESCHICHTE

Mit Frankreich wollte man lange nichts zu tun haben, so begehrlich auch französische Könige immer wieder ihre Truppen aufmarschieren liessen. Nizza paktierte lieber mit Savoyen. Erst **1860** ist damit Schluss. Bis **1914** hat die Metropole der Extravaganz die höchste Einwohner-Zuwachsrate in Europa. Der Erste Weltkrieg zerstört alle Träume. **1936** wird in Frankreich bezahlter Urlaub Gesetz. Seitdem vermehren sich die Besuchermassen. Nizzas Flughafen zählt jährlich zehn Millionen Passagiere, die Universität 40 000 Studenten, an der Engelsbucht hat sich eine Technopolis entwickelt für Elektronik, Telekommunikation und Biotechnologie. Die glamourösen Zeiten werden lebendig bei einem Spaziergang auf der Promenade des Anglais; beim Cocktail an der Bar des berühmten Négresco (14 €) oder neuerdings im 3. Stock des Palais de la Mediterranée. Vom Art-déco-Casino blieb die Fassade. Eine ganz andere Welt,

„Multari" ist in Nizza nicht allein mit seinen Leckereien

in die die Sonne nur gespiegelt hineinfindet, erschließt sich in den Altstadtgassen, dem Dreieck zwischen Cours Saleya (Markt), Schlosspark und Promenade du Paillon.

## SEHENSWERTES

**Musée d'Art Moderne et d'Art Contemporain (MAMAC) ❶** Der Bau, seine Schätze (Kunst ab 1960), die Aussicht vom Dach – eine Wucht. **Promenade des Arts, Tel. 04 93 62 61 62 www.mamac-nice-org, 3 €.** Von der **Nietzsche-Terrasse ❷ am Schlossberg** ist das nächtliche Panorama der Stadt am Meer am schönsten.

Das **Musée des Beaux-Arts ❸** bietet allerlei aus dem 15. bis 20. Jh. Ein Saal ist Marie Bashkirtseff gewidmet. Die Malerin, Sängerin und Autorin, die 1884 mit 26 an Tuberkulose starb, beschrieb schonungslos die gesellschaftlichen Benachteiligungen der Frauen, ihr Tagebuch wurde Kultlektüre. **33, Avenue des Baumettes Tel. 04 92152828, 4 €**
**Cathédrale Russe Saint-Nicolas ❹** Geweiht 1912, eine der prächtigsten orthodoxen Kirchen, von der Witwe Zar Alexanders finanziert (Avenue Nicolas-II, tgl. außer Sonntagmorgen, 2,50 €). Das Viertel um die Kirche zeigt, das sich die reichen russischen Bauherrn für alle Architekturstile exzessiv begeistern konnten.
**Musée du Message Biblique Marc-Chagall ❺** Der Maler aus Witebsk, der 1885 in Saint-Paul-de-Vence starb, hat seine Bilder in seinem Museum noch selber platziert. **Avenue du Dr.-Ménard Ecke Boulevard Cimiez Tel. 04 93 53 87 20, 7 €**
**Cimiez ❻** Das Viertel der eklektischen Kühnheiten und exotischen Träumereien aus Stein. Man bestaune das Grand Palais, das Majestic, Winter Palace, Villa Reizian, Villa Paradisio, Villa Surany und das Alhambra, das Manoir Belgrano und Excelsior Regina. Mitten drin liegt das **Musée Matisse** mit Werken aus allen Schaffensperioden des Künstlers. **164, Avenue des Arènes, 4 €**

## EINKAUFEN

Socca, Backwerk aus Kichererbsenmehl vom Blech aus dem Holzofen gibt es bei Pipo Socca (**❼ 13, Rue Bavastro, am Hafen**). Fennochio (**❽ Place Rosetti in der Altstadt**) macht Rosmarin-Eis. Schlicht „à l'Olivier" heißt der 1822 gegründete Ölladen in der Altstadt (**❾ 7, Rue Saint-François-de-Paule**). Was die Region alles hergibt, ist bei „Nice@rt" zu kaufen (**❿ 14, Rue de l'Hôtel-des Postes**). Naschmäuler finden sich in der Altstadt leicht zurecht.

## KARNEVAL

**Die Saison der Narren im Februar bietet Umzüge der grosses têtes, Schwellköppe, bei denen die Politik persifliert wird; und Blumencorsi, bei denen Floristen mit viel Draht und Blüten zaubern. Dann geht noch am Mardi Gras (Faschingsdienstag) ein König aus Pappmaché in Flammen auf.**

## INFO

Office du Tourisme et des Congrès, 5, Promenade des Anglais, Tel. 08 92 70 74 07 www.nicetourisme.com

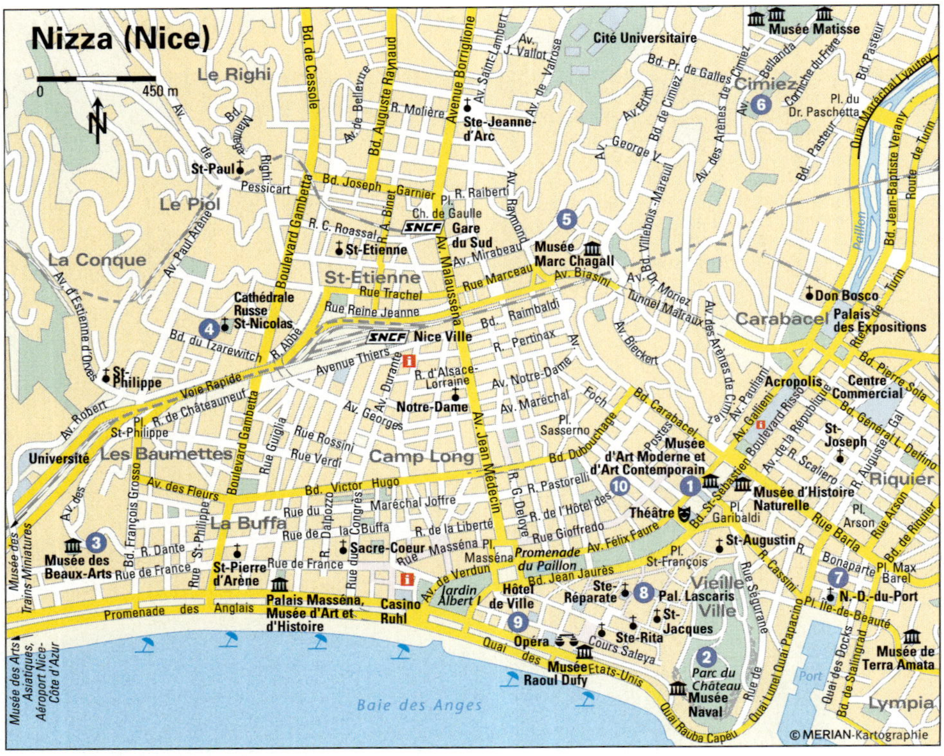

draussen zu hause
Jack Wolfskin
Jetzt den neuen Katalog anfordern!
00800-WOLFSKIN | www.jack-wolfskin.com

GRAND TOUR

# SICILIA06

## EINE REGION, DIE MANCHES ERZÄHLT

WENN EINE REISE BEGINNT, BEGINNT FÜR JEDEN VON UNS EINE GESCHICHTE: MENSCHEN AUF DER SUCHE NACH KUNST, ABENTEUER, LANDSCHAFT UND WURZELN HABEN SEIT JEHER UNSERE INSEL FÜR DIESE SUCHE AUSERKOREN UND ENTSCHEIDEN SICH AUCH HEUTE NOCH FÜR SIE. AUS DIESEM GRUND WIRD SIZILIEN 2006 NICHT NUR TOURISTEN WILLKOMMEN HEISSEN, SONDERN *REISENDE*, DIE VON VERANSTALTUNGEN, MUSIK, THEATER, LITERATUR ODER AUCH EINFACH VON LANDSCHAFT, LEBENSQUALITÄT UND SÜSSE DES DASEINS ANGEZOGEN WERDEN. SIZILIEN WIRD DIE TORE SEINER BURGEN, THEATER, MUSEEN, STÄDTE, ARCHÄOLOGIE - UND NATURPARKS ÖFFNEN UND SEIN MEER UND SEINE BERGE BEREITSTELLEN. UND ES WIRD MIT SEINEN AROMEN, FARBEN UND DÜFTEN SPRECHEN. SIZILIEN WIRD SIE 2006 AN JENE ORTE FÜHREN, DIE INSPIRATION DER *GROSSEN REISENDEN* DER VERGANGENHEIT WAREN - ES WIRD DAS JAHR DER GRAND TOUR SEIN, UND JEDER WIRD HIER SEINE EIGENE GESCHICHTE ENTDECKEN.

PALCOSCENICO SICILIA
EREIGNISSE IN SIZILIEN

## AGRIGENTO (SAN BIAGIO PLATANI)

**OSTERBOGEN**

## CALTANISSETTA

**MYSTERIENPROZESSION**

## ENNA

**HEILIGE WOCHE**

## TRAPANI

**MYSTERIEN**

(APRIL)

ZU OSTERN HAT SIZILIEN EINEN GANZ ANDEREN GESCHMACK: ES HERRSCHT DIE URSPRÜNGLICHKEIT DER BÄUERLICHEN FESTE VOR UND MAN ERBLICKT DEN TRIUMPH DES GLAUBENS, BEI DEM SICH RELIGION UND MYTHOS MIT NATUR UND LANDSCHAFT VERBINDEN.

***SAN BIAGIO PLATANI*** BEGINNT DIE FEIERLICHKEITEN MIT DER VORBEREITUNG DER BEEINDRUCKENDEN ***OSTERBOGEN:*** DABEI HANDELT ES SICH UM BOGENGERÜSTE AUS SCHILFROHR, DIE MIT LORBEER, ZITRUSFRÜCHTEN UND BROTEN JEDER GRÖßE GESCHMÜCKT WERDEN.

DIE HEILIGE WOCHE IST EIN MOMENT FÜR MEDITATION UND MYSTIK, DER GANZ SIZILIEN DURCHDRINGT. IN ***CALTANISSETTA*** REICHT DIE TRADITION DER ***MYSTERIENPROZESSION*** BIS INS 18. JAHRHUNDERT ZURÜCK, ALS SIE VON DER KONGREGATION DES S. FILIPPO NERI EINGEFÜHRT WURDE. HEUTE WERDEN BEI DIESER AM GRÜNDONNERSTAG STATTFINDENDEN PROZESSION 16 STATUEN, DIE IM 19. JAHRHUNDERT VON HANDWERKSMEISTERN AUS NEAPEL ERSTELLT WURDEN, SOWIE DIE *VARICEDDI*, 14 TERRACOTTA-GRUPPEN MITGETRAGEN. SPANISCHEN URSPRUNGS SIND HINGEGEN DIE BRÄUCHE DER ***HEILIGEN WOCHE VON ENNA*** UND REICHEN AUFS 17. JAHRHUNDERT ZURÜCK. DIE BESONDERHEIT DIESER FEIERLICHKEITEN BESTEHT IM UMZUG DER KAPUZENTRÄGER, DEN MITGLIEDERN DER BRUDERSCHAFTEN, DURCH DIE STRAßEN DER STADT.

IN ***TRAPANI*** BEGEHT DIE GEMEINDE DAS OSTERFEST MIT DEN ***MYSTERIEN*** AM KARFREITAG. ZU DIESEM ANLASS WERDEN WUNDERBARE SKULPTURENGRUPPEN AUS HOLZ UND LEINWAND IN PROZESSION GETRAGEN. JEDE MYSTERIENSKULPTUR WIRD VON MINDESTENS ZEHN MÄNNERN GETRAGEN, DIE DABEI MIT RHYTHMISCHEN BEWEGUNGEN VORANSCHREITEN (*ANNACATA*).

## PALERMO (PIANA DEGLI ALBANESI, CONTESSA ENTELLINA, PALAZZO ADRIANO, MEZZOJUSO, SANTA CRISTINA GELA)

**OSTERN IM GRIECHISCH-BYZANTINISCHEN RITUS**

(APRIL)

IM UMLAND PALERMOS SIND DIE GEMEINDEN ***CONTESSA ENTELLINA, PALAZZO ADRIANO, PIANA DEGLI ALBANESI, MEZZOJUSO UND SANTA CRISTINA GELA*** DURCH DEN ***GRIECHISCH-ORTHODOXEN RITUS*** VEREINT. FEIERLICHKEITEN, DIE BESONDERS BEEINDRUCKEND SIND, JEDOCH AUCH EIN FEST, BEI DEM AN DAS WIEDERERWACHEN DER NATUR ERINNERT WIRD. DER EINZUG JESUS IN JERUSALEM WIRD DURCH DEN AUF EINEM ESEL REITENDEN EPARCHEN DARGESTELLT, DER EIN KREUZ UND PALMZWEIGE IN DEN HÄNDEN HÄLT. TIEF BEEINDRUCKEND WIRKEN AUCH DIE ZEREMONIE DER TAUFE DURCH UNTERTAUCHEN UND DIE VERTEILUNG VON ROTEN OSTEREIERN, DIE SYMBOLISCH FÜR DIE ERNEUERUNG DES LEBENS STEHEN.

## MESSINA (BROLO)

**MEDIEVALIA**

(APRIL-SEPTEMBER)

OB ES WOHL AN DER BESONDEREN LANDSCHAFT ODER AN DER SO EXTREM VIELSEITIGEN VERANSTALTUNG LIEGT, DASS DIE MEDIEVALIA, DIE MITTELALTERLICHEN TAGE, AUF EIN IMMER WEITER STEIGENDES INTERESSE DES PUBLIKUMS STOßEN.

DIESES BESONDERE EVENT STÜTZT SICH AUF DIE GRUNDIDEE, EINE SUGGESTIVE BEGEGNUNG MIT DER KUNST IN ALL IHREN FORMEN ZU ERMÖGLICHEN.

JEDES JAHR ERWACHT BEI DIESEM FESTIVAL DAS MITTELALTERLICHE DORF ZU NEUEM LEBEN MIT UNTERHALTUNG, AUSSTELLUNGEN UND THEMENGEBUNDENEN TREFFEN.

IM BURGINNEREN BEFINDEN SICH ZWEI BEEINDRUCKENDE MUSEEN: DAS MUSEUM DER SIZILIANISCHEN KÜSTENFESTUNGEN UND DAS GESCHICHTSMUSEUM DER FOLTERWERKZEUGE.

www.regione.sicilia.it/turismo

Europäische Union

POR

Region Sizilien
Assessorat für Fremdenverkehr
Kommunikation und Transport

# Tour der

**Sechs Tage sollst du auf Achse sein, einen kannst du ruhen. Was zwei Nordlichter in Radlershorts auf einer einwöchigen Fahrt durch den herbstlichen L u b e r o n so alles erlebten**

Text: Klaus Simon, Fotos: Tobias Gerber

14 Prozent Steigung gleich am ersten Tag: Als Lohn der Schinderei gibt es den Blick auf die Combe de Vidauque im Kleinen Luberon

# Freuden

Cavaillon nennt sich „Hauptstadt der Melone". Doch montags auf dem Markt geht's auch um die Wurst. Bei Puget stoppt die Radler ein beigefarbener gelockter Teppich, der über den Weg wogt. Auch in den Gassen von Lauris bewahrt Autor Klaus Simon Haltung am Lenker

„Wir leben nicht vom Tourismus", heißt es auf der offiziellen Website von Cucuron – aber die Einwohner wissen zu leben und lassen Besucher gern daran teilhaben

# Jedes Dorf ein Unikat

# Savoir-vivre leicht gemacht

Ein Dorf – das schönste im Luberon? – ist fest in Händen von Pariser Landlebenskünstlern: Lourmarin

Noch mehr Gänge nach dem Radeln: Klaus Simon (r.) und sein Gefährte Jochen Schude beim lukullischen Leben aus dem Korb

# Stimmung für Schwärmer

Lichtspiele, Wolkenspiele und ein bisschen Garten Eden: Landschaft bei Vaugines am Fuß des Großen Luberon, fotografiert mit einer Langzeitbelichtung

Stöbert in Scheunen, und wenn er fündig wird, setzt Joël Ayme aus Volx die Oldtimer-Trecker instand. Hohe Schule unter freiem Himmel demonstriert bei Villeneuve ein Zirkusdompteur mit seinem Pferd. Stark für die Tour macht sich das Radler-Team von MERIAN beim Terrassenfrühstück in der Bastide „Le Jas de Monsieur“ in Grambois

Und wann bewegen sie sich wieder? Petanque ist Spiel und Meditation – auch auf dem Dorfplatz in Lourmarin

# Jede Etappe ein Sieg

**Eine Fahrt ins Blaue war es nicht. „Vélo Loisir" hatte die Radtour von Cavaillon bis Forcalquier nach Maß vorbereitet – blauer Himmel inklusive**

## 1. Tag
### Cavaillon – Mérindol

Cavaillon, „Hauptstadt der Melone", an einem Montagmorgen wie so viele andere. Zum Markttag ist *tout Cavaillon* auf den Beinen. Verstärkung trudelt aus den Dörfern des Luberon ein, der sich wie ein gestrandeter Wal in die Ebene schiebt. Für die Internationale der Ferienhausbesitzer aus den Tiefen des dicht bewaldeten Gebirgszugs ist der Markt von Cavaillon *un must*. In das Schieben, Drängen, Schwatzen mischen sich zwei Nordlichter in Radlershorts: Jochen, seit Jahren bewährter Radwanderabschnittsgefährte, und ich.

Eine Gewissensfrage schwebt bedrohlich über Zucchinipyramiden, Riesenkürbissen und Miederwaren: Sollen wir quasi aus dem Caféstuhl des „Fin de siècle" wadenbeißerische Steigungen bezwingen oder kommod immer am Ufer der Durance lang durch Schilfrohr und Obstbaumplantagen strampeln? Nach Mérindol, ein – *nos excuses* – verschlafenes Kaff an der Südflanke des Gebirges und Ziel der ersten Tagesetappe, führen beide Wege. Jochen vertieft sich in die Karte des Parc Naturel Régional du Luberon. Ich werte es als ungutes Zeichen … schon gut, wir nehmen die Passstraße über die Combe de Vidauque. So denn adieu, ihr trägen Wonnen der Provence.

Knapp 250 Kilometer Radwege hat der Parc Naturel Régional du Luberon in den vergangenen zehn Jahren über den Gebirgsrücken angelegt. Wir haben die Südroute von Cavaillon über Lourmarin und Manosque nach Forcalquier gewählt. Um den Rest kümmert sich „Vélo Loisir en Luberon". Der Verein unter dem Dach des Naturparks Luberon hat unsere Zimmer reserviert und übernimmt den Gepäcktransport. Der Rest sollte dank der schnittigen „Cannondale"-Räder, die Vélo Loisir verleiht, kein Problem sein.

„14% Steigung", bellt ein Schild am Fuß der Combe de Vidauque. Eine Schranke versperrt Autos zu bestimmten Zeiten die Weiterfahrt. Mit entsprechendem Höllentempo schießt ein entgegenkommender Radfahrer die Piste runter. Ein dahingeworfenes *Bon courage* fliegt in seinem Gefolge vorbei. Wortwörtlich bedeutet es „Guten Mut". Gemeint ist jedoch „Viel Glück". Beides können wir gebrauchen. Moment, was heißt hier wir? Von Jochen ist nur noch ein türkisblaukariertes Bikershirt zu sehen.

Knappe 400 Höhenmeter später ist der Luberon eine betäubend duftende Rosmarinwiese. Der Kopf glüht, das Herz wummert, die Waden wollen nicht mehr. Wir sitzen im Gras. Der Blick fliegt über die karge Hochebene hinunter zum Flickenteppich der Felder rund um Cavaillon und wieder zurück auf ein Wegkreuz mit einem Pfeil in Richtung „Trou du Rat" (Rattenloch). Das ist unser Weg. Von nun an geht's bergab in Richtung Durance.

## 2. Tag
### Mérindol – Cadenet

Tag zwei beginnt zahm. Zuerst schlingert das verbummelte Landsträßchen durch den Schatten von Kermeseichen und Olivenbaumhainen. Mal hoch, mal runter, immer dem Winkemännchen auf dem Drahtesel hinterher, mit dem die Radwege markiert sind. Schilf links, Schilf rechts. Ab und zu steigt ein Reiher auf. Dazu gurgelt es aus den Bewässerungsgräben, mit denen die Tomatenfelder und Aprikosenhaine längs der Durance geflutet werden. *Rien ne va plus*, als ein beigefarbener, gelockter Teppich über den Weg wogt. Wir schieben die Räder hinter der Schafherde, bis die schmiedeeiserne Campanilenkrone der Kirche von Lauris auftaucht.

Wir fädeln uns durch das Gassenlabyrinth bis vors Château. Auf den barocken Gartenterrassen des Schlosses hat Michel Garcia, Fabrikant für Naturfarben *de père en fils*, Europas einzigen Sortengarten für Färbereipflanzen angelegt. Es ist ein bukolisches Plätzchen mit knallrot glänzendem Pusztagold, vulgo Paprika, lilablau blühendem Färberknöterich und Erlen: „Erlen braucht man für Schwarz", erklärt Monsieur Garcia mit der Miene eines Physiklehrers alter Schule. Wir staunen artig. Lauris bleibt vor allem das Dorf der Katzen. Aus Hauseingängen und von Motorhauben preschen die Gassentiger davon, sobald wir die Saumseligkeit des Ortes mit unseren feuerroten Rädernstören.

Das dicke Ende kommt in Lourmarin. Isabelle Huppert soll ein Haus im Nachbardorf Vaugines gekauft haben. Mit Blick auf das romanische Kirchlein, vor dem Juliette Binoche den „Husar auf dem Dach" in Rappeneaus gleichnamigem Film angeschmachtet hat. Die beiden Biker staunen und lauschen dem Patron hinter der Theke und den Stammgästen vor der Theke. Kommt Depardieu diesen Herbst? Hédi Slimane will das Château für ein Modedefilee anmieten? Dinge, die Lourmarin beschäftigen. Der Luberon gilt als ein 21. Arrondissement, seit tout Paris in Dörfern wie Lourmarin die wahre, echte Provence sucht. Vor allem auf der Südflanke des Gebirgsrückens kauft sich ein, wer es sich wert ist. Einer der ersten Paris-Exilanten hieß Albert Camus. Das Grab des Schriftstellers ist fester Bestandsteil jeder Lourmarin-Sightseeingtour, unserer inklusive. Apropos Schriftsteller: Auch Peter Mayle besitzt in Lourmarin ein Haus. Seit 1998 lebt der Mann, der über trinkende Bäckersfrauen und Metzger ohne Unterhosen den Bestseller „Mein Jahr in der Provence" geschrieben hat, irgendwo außerhalb des Dorfs. Wo genau? Die kauzige Alte an der Tankstelle, der wir zwei Flaschen Wasser abkaufen, behauptet allen Ernstes, dass Mayle mit der Camus-Tochter zusammenlebe. Jochen schwingt sich kommentarlos aufs Rad.

## 3. Tag
### Cadenet – Vitrolles-en-Luberon

In einem stillen Tal nördlich von Lourmarin hat Paula Marty für die dörfliche Gerüchteküche nur ein süffisantes Lächeln. Madame bewirtschaftet die großelterliche „Ferme de Gerbaud". Es hat seit drei Jahren kaum geregnet. Die sechs Hektar *plantes aromatiques* – Lavendel, Rosmarin, Thymian – brauchen Wasser. Dringend. Prompt fallen zwei, drei Tropfen vom grau verhangenen Himmel. *Fini*. Die Sonne kommt wieder, worüber zumindest zwei sich freuen.

Gilles Delsuc im Keller seiner Domaine La Blaque. Nur noch Abfahrt im Sinn haben die beiden Strampler am Berg zwischen Volx und Villeneuve

In Cucuron schwimmen die Goldfische bis an den Tisch der „Bar de l'Étang". Der Étang ist ein steingefasster Löschteich mit den Ausmaßen eines Olympiaschwimmbeckens, aber vor allem der Treffpunkt der Bewohner von Cucuron.

Die Bar auf der Ecke schließt fast nie. Ganz Cucuron schaut deshalb im Laufe eines Tages im Halbdunkel der Platanenriesen vorbei, die marokkanischen Feldarbeiter, die Ferienhausbesitzer aus Brüssel, London oder Köln, die Weinbauern mit dem rumpeligen Kasten-Renault, die Sippe ältlicher Hippies, die mit Kind, Kegel und Hunden aus ihrem Kleinbus purzeln. Sie alle kommen, um erstens die Goldfische im Teich zu füttern und um zweitens in die „Bar de l'Étang" zu gehen. Auf der Terrasse kennt jeder jeden. Was vergessen? Halt, ja: Fremde Biker sind *bienvenus*. Das ist das Schönste.

Ein schöner Rücken … Über 60 Kilometer streckt sich die Einsamkeit des Luberon

Eine „Mauresque", ein Pastis mit Bittermandelsirup, belebt bei der Ankunft auf „Le Tombareau" die Geister. Vor einem halben Menschenleben hat Pierre Bruzzo das Gehöft gekauft, arbeitete noch bis zur Pensionierung beim Hafenzoll in Marseille. Heute vermietet der fidele Pensionär vier Chambres d'hôtes und gibt Kochkurse. Ringsherum sagen sich Fuchs und Hase Gute Nacht. Heute abend bleibt der Fuchs allerdings allein. Pierre hat uns Hasenpfeffer aux olives zubereitet. Noch ein Gläschen Côtes du Rhône vom Gut der Schwägerin, und dann *Bonne Nuit*!

## 4. Tag
### Vitrolles-en-Luberon – Grambois

Es gibt Pässe, die der nach drei Tagen halbwegs trainierte Radfahrer mit jedem Meter Abfahrt mehr liebt. Der 697 Meter hohe Col de l'Aire des Masques zählt dazu: Nach lächerlichen 40 Minuten kraftvollen Tretens geht es bis Céreste bergab, bergab und nochmals bergab. Die acht Kilometer Schussfahrt endet an der römischen Steinbrücke über den Encrême. Am Horizont rückt die Montagne de Lure nun deutlich näher an den Luberon. Übermorgen stehen die Ausläufer der Südalpen auf dem Plan. Ich beantrage für morgen einen Ruhetag.

## 5. Tag
### Grambois – in die Wiese und zurück

Zéro Kilometer. Heute wird nicht in die Pedale getreten, dafür in der Wiese gefaulenzt. Mit nichts als einer Decke und dem Picknickkorb. Das Leben? *Belle*! Die Laune ist bestens. Der Sommer meldet sich mit 25 Grad zurück, wohlgemerkt: Mitte Oktober. Wie das Wetter morgen wird? Wissen nur die Schäfchenwolken.

## 6. Tag
### Grambois – Manosque

Plötzlich ist Herbst. Es riecht nach Steinpilzen im taufeuchten Laub, nach überreifen Feigen, nach Kaminfeuer. Krachend schlagen Kastanien auf den Dorfboulevard von Beaumont-de-Pertuis. Eine Alte verkauft im offenen Garagentor Birnen, Trauben und Esskastanien. Das Dorf liegt da, wo der Luberon noch nicht wie für landsüchtige Städter hergerichtet aussieht. Kein Mensch, kein Gehöft weit und breit an der D 198, die in pumperlgesunde Eichenwälder abtaucht.

Nächster Halt: die „Domaine La Blaque". *Blaque* bezeichne im Provenzalischen einen Ort, an dem Eichen wachsen, erklärt Önologe Gilles Delsuc den Namen des Weinguts. Gilles und seine Frau Laurence keltern „echte Höhenweine". Die Tropfen der kleinen AOC Pierrevert stammen von Reben, die noch in 550 Metern gedeihen. „Vor allem die Rebsorte Viognier braucht Höhe, wie der Radfahrer", so der fidele Weingutchef. Wir verschwinden in den Probierraum. Manosque, Ziel der Tagesetappe, kann warten.

## 7. Tag
### Manosque – Forcalquier

Allein mit der Einsamkeit eines Sonntagmorgens in der Provence. Der Himmel leuchtet azurblau, fast unwirklich. Im Norden machen sich schlohweiße Bergriesen wichtig. Der erste Schnee hat die Südalpen weiß gepudert. Ein Huhn gackert vor dem gestochen scharfen Alpenpanorama über den Weg. Ansonsten *rien de rien* bis Volx, wo wir in die alljährliche Fête du Goût hineinradeln.

Um die Stände für Lavendelhonig, Eselswurst und Banon-Käse knattern die Traktoren. Allein zwei Dutzend der betagten Exemplare gehören Joel Ayme. Der Mann mit dem Schnauzbart über der schwarzen Weste ist stolz, „als Sohn eines Bauern" das Licht der Provence erblickt zu haben. So viel Gnade der Geburt verpflichtet ihn, sich um das landwirtschaftliche Erbe seiner Heimat zu kümmern. Jedes Jahr restauriert Monsieur Ayme einen Traktor und hofft auf weitere Scheunenfunde – wir sollen bitte die Augen aufhalten.

Kein Traktor, keine Mähmaschine und erst recht kein Schild mit dem Winkemännchen. Wir haben uns wenige Kilometer vor der „Auberge Charembeau" verfahren, ausgerechnet. Halt, da zwischen den Dahlien raschelt etwas. „*Tranquille*", beschwichtigt Madame uns, „Sie sind nicht weit von Ihrem Hotel entfernt". Der Weg nach Forcalquier ist leicht zu finden: „*A droite, puis à gauche, et à la fin tout droit, Messieurs!*" Bedeutet übersetzt: noch zwei Kilometer durch sachten Blätterfall. □

**Klaus Simon** *ist „Monsieur Provence". Unübertrefflich seine Liebe zur Region und seine Kenntnis.*
**Tobias Gerber** *war als Fotograf doppelt unterwegs: mit Fahrrad und Auto. Ist begeistert von den gastfreundlichen Provenzalen.*

## MERIAN | TIPP Luberon

**Vélo Loisir en Luberon**
BP 14, Céreste, Tel. 04 92 79 05 82, www.veloloisirluberon.com Zum Verein (als gemeinnützig anerkannt) gehören zwei Dutzend Hoteliers, Restaurantbesitzer, Radverleiher und -werkstätten, Taxiunternehmer, Reiseführer. Radverleih (27-Gang, 10 €/Tag, 78 €/Woche, Kaution 230 €). Ebenfalls Tandems, Kinderräder und -anhänger. Organisation individueller Touren mit Sonderleistungen wie Picknickkorb (8,50 €/Pers.), Gepäcktransport (1-4 Pers. 1 €/km, bis 8 Pers. 1,22 €/km), Pannenservice.

**Parc Naturel Régional du Luberon**
Maison du Parc, 60
Place Jean-Jaurès, Apt
Tel. 04 90 04 42 00
Fax 04 90 04 81 15
www.parcduluberon.com, Apr.-Sept. Mo-Sa 8.30-12, 13.30-19, Okt.-März Mo-Fr 8.30-12, 13.30-18 Uhr
Informationsstelle des Naturparks und interaktives Museum zu Fauna, Flora, Architektur, Bräuchen. Programm mit Exkursionen und Veranstaltungen.

**Carte Touristique**
**Parc Naturel Régional du Luberon**
ign, 1:60 000, mit dem gesamten Radnetz. Im Buchhandel oder in der Maison du Parc, 7 €.

FESTE
**Roues libres en Luberon**
Erstes Wochenende im Oktober, Ort wechselt jährlich. Radfest mit Gratisverleih von Rädern. Begleitete Rundfahrten.

EXTRATOUREN
**Le Pays de Forcalquier et Montagne de Lure en vélo**
78 km langes Wegnetz durch die Haute Provence im Norden des Luberon. Kräftige Steigungen.
Office de Tourisme Intercommunal du Pays de Forcalquier, 13, Place du-Bourguet, Forcalquier
Tel. 04 92 75 10 02
Fax 04 92 75 26 76
www.velopaysforcalquier.com

**Les Ocres en vélo**
50 km langes Wegnetz durch die Ockergruben zwischen Rustrel und Roussillon. Kombinierbar mit der Luberontour. Leicht.
Office de Tourisme, 20 Avenue Philippe-de-Girard, Apt
Tel. 04 90 74 03 18,
Fax 04 90 04 64 30,
www.ot-apt.fr/paysdapt/ocres.htm

Nathalie und Frédéric Mazel im „Le Jas de Monsieur" in Grambois und Serge Moullet im „Cheval Blanc" von La Bastide-des-Jourdans

Luberon: Zerklüftet nach Süden zum Tal der Durance, mit glatter Flanke im Norden. Höchste Erhebung: Mourre Nègre (1125 m)

# Pontifex Benedikt

Ein Hütejunge habe auf göttlichen Wunsch die weltberühmte Brücke über die Rhône geschaffen. So verklärt eine Legende den Ursprung des grandiosen Bauwerks. Und ein banales Tanzliedchen unbekannter Herkunft liefert dazu die weltweit geträllerte Begleitmusik

Text: Peter Mayer

Sie hatte das Zeug zum Weltwunder: Fast einen Kilometer war sie lang. Die Fahrbahn spannte sich über 22 aus Bruchsteinen gemauerte Bögen, die sich teilweise auf römische Fundamente stützten. Nach nur acht Jahren Bauzeit hatten Maurer Ende des 12. Jahrhunderts den kühnen Brückenschlag vollendet. Über eine vier Meter breite Trasse rumpelten nun die Karren, trappelten Pferde und Esel, zogen Pilger und Händler des Weges, Edelleute, Gesinde und Gesindel.

Die Menschen waren überwältigt. Dieses grandiose Bauwerk konnte nicht einfach mit irdischem Ingenium und Fleiß geschaffen worden sein, da war Gottes Hand im Spiel. So entstand eine wundersame Legende mit wirklichkeitsgetreuen Einsprengseln: die Geschichte von Klein-Benedikt, französisch Bénézet. Als der schmächtige Hütejunge zwölf war, sei ihm Christus auf der Weide erschienen und habe ihm den himmlischen Auftrag verkündet, jene Brücke über die Rhône zu bauen. Der Hirte ließ spontan seine Schäfchen in der versprochenen Obhut des Erlösers zurück. Von einem Engel in Pilgertracht geleitet, zog er nach Avignon, wurde dort aber vom Bischof zunächst nur verhöhnt, gar als Teufelsknecht verleumdet, dem man Arm und Bein ausreißen sollte. Da habe sich Bénézet ein steinernes Schwergewicht auf die Schulter gepackt und es in den Strom gewuchtet. Exzellenz sei so beeindruckt gewesen über diese Art von Grundsteinlegung, dass er sich mit einer Spende an der Finanzierung des Baus beteiligte. Der Junge machte sich an die Arbeit, die Einweihung erlebte er jedoch nicht mehr: Götterknaben sterben früh, mit 19 war er tot.

Das weitere Projektmanagement lag dann wohl in den Händen eines Laienbundes der Fratres Pontifices. Diese Brückenbrüder müssen begnadete Geldauftreiber gewesen sein. Ihre Erlöse flossen vor allem in Flussübergänge und in die Betreuung von Menschen unterwegs. Damit in ihren Klingelbeuteln die Münzen nicht verstummten, erzählten sie allen Spendern die Legende vom Wunderknaben Bénézet, der wie ein Heiliger verehrt wurde, obwohl ihm die Kirche dieses Privileg offiziell nie zugestanden hat. Sein Leichnam ruhte in der Brückenkirche.

Von 22 Bögen der einstigen Brücke ragen heute nur noch vier in den Strom. Er umschließt beidarmig die Île de la Barthelasse, die größte Flussinsel Europas

Wie auf einem Schiffsbug stehen die beiden Brückenkapellen stromaufwärts schauend am zweiten Pfeiler von Saint-Bénézet

Wer immer die Rhône überquerte, kniete dort nieder und bekreuzigte sich. Wer spendete, konnte sich von den Fratres eine sündenmindernde Quittung ausstellen lassen: Brückenbau galt als Werk der Barmherzigkeit. Mit einem Obolus sorgte man für das Heil seiner Seele, als hätte man Messen lesen lassen oder liturgisches Gerät gestiftet.

Und jeder Reisende war dankbar, dass er heil über den Strom kam. Denn per Fähre war es ein Abenteuer und Fährleute galten oft als Halunken. So berichten die so genannten Anno-Mirakel von einer rheinischen Jakobs-Pilgerin. Sie war auf dem Heimweg von Santiago an die Rhône gekommen. 400 Passagiere pferchte der Bootsmann fahrlässig auf seinem Nachen zusammen, das Schiff musste kentern. Die Pilgerin überlebte, die Habe der Ertrunkenen grabschte sich der Kapitän als Extralohn.

Wenige Jahre nach ihrer Vollendung war die Bénézet-Brücke schon ein Trümmerhaufen. Der französische König Ludwig VIII. hatte im Jahr 1226 auf Albigenser-Hatz mit seinen Truppen Südfrankreich durchstreift. Jene Andersgläubigen sollten papstgerecht niedergemacht werden. Bei diesem Feldzug war auch Avignon in die Schusslinie geraten. Der König überlebte die Aktion nur kurz, die Brücke jedoch – den Fratres Pontifices zum Dank – war bald wieder begehbar. Auf die romanische Kapelle wurde zu Ehren von Saint Nicolas, eines weiteren Brückenheiligen, ein gotisches Gotteshäuschen gesetzt. So blieb es bis ins 17. Jahrhundert, Beschädigungen und Ausbesserungen sind nicht überliefert. Dann aber: Bei einer Flut 1603 kracht ein Brückenbogen zusammen, drei weitere sind es zwei Jahre später. Erst 1628 beginnt die Stadt mit dem Wiederaufbau. Da wütet die Pest dazwischen. 1633 ist das Bauwerk endlich intakt und schon zwei Monate später wieder Hochwasser-Ruine. Bénézets Leichnam wird 1674 geborgen, mehrfach werden mit Schwund die Gebeine umgebettet. Reste bewahrt heute die Kathedrale Notre-Dame-des-Doms auf.

Vier Bögen blieben von der Brücke und ein Liedchen, das um die Welt ging – mit falscher Ortsangabe der Tanzfläche. Nicht „sur le pont d'Avignon" flogen „tout en rond" die Röcke. Auf der Brücke war es zum Ringelpiez viel zu eng, geschwoft wurde drunter, „sous le pont" auf der Île de la Barthelasse.

Woher das Couplet zur Lustbarkeit unter freiem Himmel stammt, weiß niemand. Der Komponist Pierre Certon hat im 16. Jahrhundert eine A-cappella-Messe geschrieben mit dem Titel „Sus le Pont d'Avignon" (also auch „oben"), deren Melodie aber so gar nicht verwandt ist mit der Volksweise. Heraushören lässt die sich jedoch in der Oper, die Adolphe Adam 1853 über eine Herberge komponierte, in der kein Zimmer mehr frei ist („L'Auberge pleine"). Und hineinsingen in den Gassenhauer kann man nach Belieben alle Stände: Edelmann oder Edelfräulein, Wäscherin oder Weinbauer, Gärtner oder Grenadier – sogar Babys werden zu fröhlichem Rundtanz aufgefordert. □

**Bei den Filmfestspielen** wird das Rentner-Refugium der Côte d'Azur für zwei Wochen im Mai zum **Rummelplatz der Cineasten.** Und das glamouröse **Carlton an der Croisette** ist voll besetzt mit Virtuosen der Eitelkeit

Fotos: Gérard Uferas

# CANNES

Der Nächste, bitte: Die französische Actrice Julie Gayet ist schon nicht mehr im Visier der Türsteher

Legende: die spitzen Carlton-Kuppeln habe Architekt Charles Dalmas den Brüsten der Tänzerin und Kurtisane La Belle Otéro nachempfunden, die sich in den Casinos der Côte ruinierte

**„Le style est l'homme même",** sagte **Georges Buffon** im 18. Jahrhundert. Der **kluge Spruch des Franzosen** kommt an der **Croisette** auf jede noch so abgedrehte Art zur Geltung

Möwen-Picknick: Der Gast ist Knall aus der Flasche gewöhnt

Mann ohne Meute: der Schauspieler Hippolyte Girardot

Balkonlöwe: Irgendwas ist immer, um die Ohren zu spitzen

Der Blick auf Sonne, Meer und Palmen – wozu dann noch Filme anschauen?

**Einst galt es als Skandal, wenn ein Sternchen die Hüllen fallen ließ. Heute ist man empört über miserable Filme oder chaotische Organisation – aber Provokateure haben es schwer**

Alle Jahre wieder nach den Sternen greifen

Starruhm kommt oft blitzartig und kann wie weggeblasen wieder verschwinden

Ganz klar: Cannes sollte Venedig die Schau stehlen und William Dieterles Film „Der Glöckner von Notre-Dame" am 1. September 1939 das Festival eröffnen. Doch ehe sich das glubschäugige Monster am Glockenstrang über die Leinwand schwang, war der Zweite Weltkrieg ausgebrochen. Neustart dann erst 1946. Ihre Goldene Palme bekommen Sieger ab 1955, davor war ein Gemälde aus regionaler Farbenproduktion die Trophäe. Im Mai und nicht, wie ursprünglich geplant, im Herbst packt eine zweiwöchige Fieberattacke die Stadt, drängelt sich die Flimmerbranche an die Croisette, verfallen Neugier-Massen in Glamourrausch, klettern Hotel- und Restaurantpreise auf Jahreshöchststand und erreichen Taschendiebe ihre Bestform. Die *chronique scandaleuse* berichtet von Simone Silva, die 1954 vor dem verdutzten Robert Mitchum ihre Kleider abwarf und Stadtverbot bekam. Von Louis Malle und François Truffaut, die 1968 protestierend am Samtvorhang des Festspielhauses hingen. Da war für jenes Jahr Schluss mit Festspiel. Zur cineastischen Regel gehört es, sich noch jedes Jahr über miserable Filmauswahl, miese Organisation und mittelmäßige Gewinner zu empören. Dazu Fatih Akin, erfolgreicher türkischer Filmemacher aus Hamburg, ganz gelassen: „Hohe Bäume stehen immer im Wind." 1983 zog das Festival in ein neues Haus, das die Cannois „le Bunker" nennen. 1993 wird die erste Regiefrau gekürt (die Neuseeländerin Jane Campion). Inzwischen hat auch chinesisches, indisches oder afrikanisches Zelluloid die Chance auf Weltruhm. 1979 brachte die Jury einen Deutschen auf die Palme, sein Name in der offiziellen Bestenliste lautet: Völker Schlondorff. Wim Wenders, 1984 für „Paris, Texas" ausgezeichnet, vertrieb sich damals die Vorführzeit seines Films nervenflatternd am Flipperautomat. Später brachte der deutsche Film jahrelang keinen Streifen ins Programm. Alljährlich steht Madame Françoise in der ersten Reihe hinterm Sperrgitter zum roten Auftrittsteppich der Stars. Sie kreischt nicht, wenn ihre Idole vorbeicheesen. „S'il vous plaît", haucht sie schüchtern – und bekommt immer einen Filzstiftgruß in ihr Kollegheft. Ins Kino geht die Cannoise nie. □

**MERIAN | TIPP**

CANNES-SPAZIERGANG
Westlich der Croisette lockt das Altstadtviertel **Le Suquet** mit hoher Restaurant-Dichte. Zwischen Rue d'Antibes und La Croisette liegt, sehr chic, sehr boutiquenreich, das **Centre Ville**. Und in dessen Mitte wiederum, *le carré magique* entlang der Rue du Commandant-André. Dort ist immer was los, am meisten in dunkler Tageszeit.
Im englischen Viertel **La Croix des Gardes** reihen sich die Villen des 19. Jhs., auch Château d'Eleonore des Cannes-Entdeckers Lord Brougham (24, Avenue du Docteur-Picaud).
**La Californie** war Niederlassung der Russen.
(Das Tourismus-Büro hält einen Villen-Folder bereit).
Cannes ist aber nicht nur Belle Epoque und Anno Dazumal. Beispiel:
**Hotel „Le 3,14" der sehr gehobenen Kategorie (5, Rue François Einesy, Tel. 04 92 99 72 00).**
Am Eingang glitzert eine üppige Fontäne aus Murano-Glas mit Shanty, dem Gartenzwerg obenauf. Die Zimmer sind vorsätzlich kitschig mit den Unverwechselbarkeiten aller Kontinente ausgestattet.
**Office de Tourisme**
Bureau du Palais des Festivals, Boulevard de la Croisette, Tel. 04 92 99 84 22
www.cannes.com

Wenn Ihnen die Semperoper
in Dresden gefällt, werden Sie das
Royal Opera House in London
lieben
Von Shakespeare bis hin
zu den beliebtesten Musicals -
London strotzt vor kultureller
Vielfalt: Kunst, Musik, moderner
Tanz, Ballet, Oper und,und,und.
Weitere Informationen unter
visitlondon.com/de
TOTALLY
LONDON®
www.visitlondon.com/de

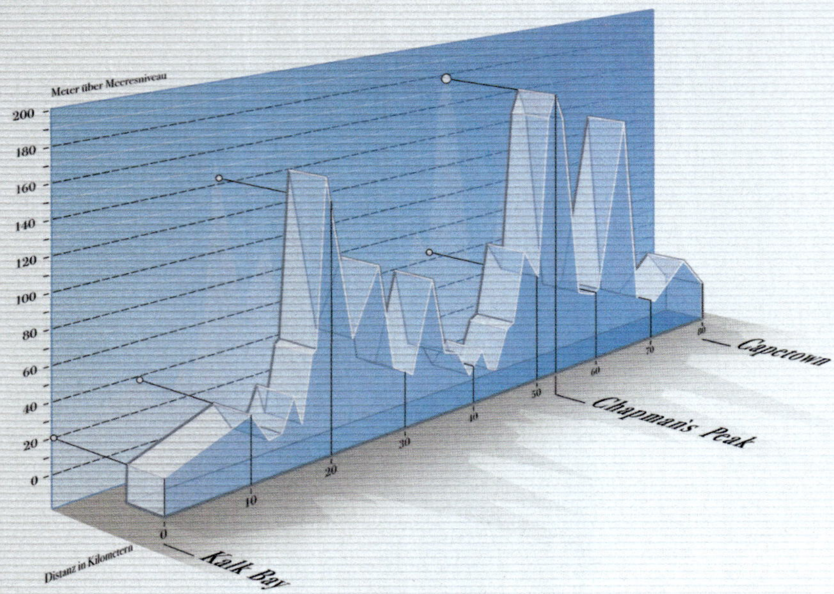


# Verlaufskurve

des Capetown Coastal Highway incl. Chapman's Peak Drive

Das Lifestyle-Magazin von WirtschaftsWoche
fivetonine
Lit-Chic
Wenn Proust auf Prada trifft
Warum...
Larry Ellison auf die Yacht geht
Hundstage in New York göttlich sind
Mosuo-Männer nur für die Liebe da sind
Bastien Gonzalez für viel Geld Füße streichelt
Gwyneth Paltrow Trost bei Charles Darwin findet

# GESCHICHTEN VOM ABGRUND

**Die Gorges du Verdon sind ein Paradies für Outdoorsportler. Aber außerhalb der Saison ist die tiefe Schlucht, was sie immer war: steinalt, wild und voller Geheimnisse**

**Text: Roland Benn**

Oben zwischen Moustiers und Castellane liegt noch Schnee, aber unten in Draguignan sind Ende Januar die Stare gekommen. Abertausende schrillen in den Bäumen und fliegen in kleinen Banden durchgeknallt in den ersten warmen Nachmittag, aber wenn der Abend hinter einer hauchdünnen Mondsichel herabkommt, wird es wieder bitterkalt von den Bergen und die warme Luft aus Afrika muss sich bis morgen zurückziehen. Die Stare jedoch bleiben und das heißt: Jetzt wird es Frühling an den Gorges du Verdon, jetzt kann es nicht mehr lange dauern, bis die Farben wieder leuchten. Das Blau der Kanus, das knallige Rot der Goretexjacken, die Regenbogenfarben der Paraglider und das Glänzen in den Augen all der Kletterer, Flieger und Schwimmer, für die das Flüsschen die dramatischste Schlucht Frankreichs in den Fels gefressen hat. Im April oder Mai werden die ersten kleinen Gruppen Freeclimber durchgestylt an den senkrechten Felsen hängen, Kanuten ihr Warming-up machen und die kühnsten von allen ihre Gleitschirme an den Steilkanten über der Schlucht auslegen.

Bis dahin werden die Felswände von der Sonne gewärmt, räkeln sich die Dörfer aus ihrem kurzen, tiefen Winterschlaf in dieser bis vor wenigen Jahrzehnten vergessenen Gegend, in der die Provence in die Alpen übergeht und die lange so unzugänglich war, dass auch die Römer diesen Teil ihrer liebsten Provinz den Ligurern überließen, die sich mit regelmäßigen Überfällen bedankten.

Gleichwohl war die Region des Verdon seit langem besiedelt; sie bot Schutz und fruchtbares Vorland, Fisch und Wild dazu. So mag schon vor Urzeiten ein früher Mensch mit Schaudern in die Schlucht hinabgeblickt haben, bevor er einen neuen Faustkeil schlug, die Überreste seines Aufenthalts sind jedenfalls nach 400 000 Jahren wieder ans Licht gekommen.

Und weil man in Frankreich nicht nur den Extremsport besonders liebt, sondern auch die Vorgeschichte, hat man diesen Vorzeiten in Quinson ein Museum gewidmet, das nicht nur in der Provence ohnegleichen ist. Es zu besuchen, lohnt aus drei Gründen: wegen der Fülle der in Südfrankreich vorhandenen Spuren der Menschheitsgeschichte, wegen der Art der Ausstellung und auch wegen der Architektur des Gebäudes.

Norman Foster hat es gestaltet. Foster, der stets Material und Geschichte der Umgegend in seine Konzepte einfließen lässt, verlängerte eine schöne alte Mauer und ließ sie in sein Gebäude hineinwachsen, eine Mauer aus jenem gelben Travertin, der die Häuser der Provence so vielversprechend in der Morgensonne leuchten lässt. Diese Mauer hat einen Schwung, der sich im Innern fortsetzt, wo der Besucher eine lange Steigung bewältigt, die ihn vom Urknall zur Krone der Schöpfung und also zu sich selbst bringt. Das ist zwar unwissenschaftlich, aber ausgesprochen erhebend. 60 Millionen Francs hat der Bau 2001 gekostet, 20 kamen aus Paris, fünf aus Brüssel, den Rest haben Département und Gemeinde aufgebracht und es ist nicht ganz klar, wie sie das geschafft haben, angeblich hat die *Électricité de France* geholfen, aber das wohl eher im Stillen.

Die Ausstellung ist ganz der Menschengeschichte gewidmet, sie ist aktuell, verständlich und führt auch den Ahnungslosen sicher durch die wichtigen Stationen aus Millionen Jahren. Funkohrhörer, im Eintrittspreis inbegriffen, geben an jeder Station in einer von vier Sprachen verständlich formulierte Kommentare. Wer im Sommer diesen Ausflug aus dem Hier und Jetzt des Funsports in das Hier und Einst gemacht hat, kehrt reicher und mit offeneren Augen an die Gorges zurück.

Schwungvolle Mauern führen in die Vergangenheit: das Museum für Vorgeschichte in Quinson

Nur manchmal scheint der Stolz auf die uralte Lokalgeschichte ein wenig an der Wissenschaft gerüttelt zu haben und dann zeigen sich liebenswerte Irrtümer. Dass etwa Hund, Ziege und Schaf in der Provence domestiziert worden seien, ist ebenso grob unwahr, wie die in Dioramen vorgetragene Ansicht, das Leben unserer Vorfahren habe sich in Höhlen abgespielt. Auch hat man in den Darstellungen den Eindruck, dass früher alle Menschen in unpraktischen, zotteligen Lumpen umhergelaufen seien,

Bis zu 700 Meter tief hat sich das Flüsschen Verdon mit seinem enormen Gefälle in die Voralpen gefressen

# LAND UNTER LAND ÜBER

in stets gebückter Haltung mit den Essensresten beschäftigt, die in ihrer Wohnstatt verrotteten. Mindestens bis zu jenem Zeitpunkt, da man sie als Vorfahren der heutigen Franzosen ins Auge fassen könnte: da geht's auf einmal zivilisierter zu. Dann aber kommen auch schon die Kelten und die Völkerwanderung und dann ist Schluss mit Geschichte.

Höhepunkt ist die animierte Vorführung der *Grotte de Bonne Baume*, in der sowohl die Vergangenheit selbst als auch die Arbeit der Urzeitforscher in Szene gesetzt sind, inklusive eines aus der Wand fahrenden Höhlenbären und bis hin zur Französischen Revolution, in der unbotmäßige Priester in dieser Höhle die Messe gelesen haben, mit Weihrauch und Chorgejubel.

Neben den erwartbaren Faustkeilen und Knochen findet sich in der Bonne Baume eine Schicht mit etwas ganz Besonderem: Vor 400 000 Jahren wurde der Boden regelmäßig mit gleich großen Steinen ausgelegt – eine Art Pflasterung, die wahrscheinlich der Kühlung diente, vor allem aber „eines der ersten Beispiele von Raumgestaltung" durch frühe Menschen, wie es aus dem Ohrhörer heißt. Angesichts dessen wird Norman Foster sicher Demut empfunden haben. Dessen Credo lautet schließlich „Geschichte als eine Kraft zu respektieren, die nicht nur das Leben prägt, sondern auch ihre Bauten". Manchmal aber prägt die Geschichte das Leben, zerstört jedoch die Bauten. Besonders wenn die Guten gegen die Bösen kämpfen: die Bösen, das sind die *Electricité de France* (EDF), Frankreichs Strommonopolist, die Guten sind die armen Bauern aus Les Salles de Provence, die man betrogen und vertrieben hat und deren Dorf nun auf dem Grund des Lac de Sainte-Croix ruht, des jüngsten und größten der fünf Seen, die den wilden Verdon bändigen und ihm seine Energie entlocken.

In den Sechzigern plante die EDF den Stausee und behandelte das Tal wie ihr Eigentum. Damals wurde böses Blut vergossen und vergessen ist bis heute nicht, wie man die einfachen Menschen belog, wie die EDF Entschädigung in großem Umfang versprach und wie sich am Ende herausstellte, dass man ganz Les Salles für baufällig und entsprechend wertlos erklärt hatte. Vergessen auch nicht, wie 1973 in der kurzen Zeit zwischen der endgültigen Räumung des Dorfes und seiner Flutung die Fledderer kamen und Fenster, Türen, Brunnen, Wasserhähne und alles andere abmontierten, was sich auf dem gerade neu entstandenen Markt der Häuserrenovierung für teuer Geld verkaufen ließ.

Von der geringen Entschädigung bauten sich die etwa 150 Dörfler über dem See einen neuen Ort, einzig die Kirchenglocke und den Wetterhahn durften sie mitnehmen, und so sitzen sie in der Frühjahrssonne im neuen Les Salles, ohne Landwirtschaft und in Erwartung der 5000 Gäste, die hier im Sommer regelmäßig Urlaub machen.

Vielleicht sind aber die Bösen doch etwas weniger böse und die Guten etwas gerissener, denn der junge Mann in der Bar Américain erzählt, dass die Prozesse, die heute noch laufen, von Anwälten angeregt werden, die den Türendieben von einst durchaus seelenverwandt seien. Er weiß auch zu berichten, dass es Menschen aus Les Salles waren, die ihre eigenen Nachbarn und Freunde am kräftigsten übers Ohr gehauen haben, indem sie ihnen vor der Entschädigung die Häuser für noch weniger Geld abgeluchst hätten, als die EDF zu zahlen bereit war. Diese Profiteure allerdings lebten heute in Saint-Raphaël, wo auch der Winter ein Vergnügen ist. Was also stimmt? Der Barmann ist zu jung, um das selbst erlebt zu haben, für ihn ist das alles schon Geschichte. Und das neue Les Salles hat die schönsten Laternen und breite

Heimat der Boules: Aiguines mit seiner alten Burg über dem neuen Lac de Ste-Croix

Kletterer sind im Sommer selten unter sich: Neben ihnen huschen Paraglider, unter ihnen die Wildwasserfahrer

Straßen, sein einziger Fehler ist seine Neuheit und die wird von Tag zu Tag geringer.

Von Les Salles führt eine gewundene Straße den Berg hinauf und wer ihr folgt, erreicht in Kürze die *Corniche Sublime*, die Straße, die in dramatischen Windungen den Rand der Gorges du Verdon erschließt. Hier liegt Aiguines mit seiner mächtigen viertürmigen Burg hoch über der Schlucht und ausgerechnet von hier wagten sich zum ersten Mal Menschen hinunter in den

Im Museum geht es erst nach oben und dann hinab in die Vorzeit

Fundplatz aus uralter Zeit: die Grotte de la Bonne Baume

Objekt früher Anbetung: ein Idol aus keltischer Zeit

URZEIT

NEUZEIT

Schlund. Holzfäller waren das und ihr Ziel war der Buchsbaum, der am kargen und dunklen Südhang noch langsamer wächst als ohnehin. Sie zu gewinnen, ließen sich Wagemutige an Stricken von oben herab, eine gefährliche Sache, aber sie lohnte sich: Das Holz der kaum zehn Zentimeter starken Bäumchen war hart wie Stahl und wenn man es zu Kugeln schliff, verhielten sie sich auch so. Stießen sie aneinander, gaben sie ihre Energie fast ohne Verlust weiter. Und so war es Holz aus der Verdonschlucht, das seit dem 19. Jahrhundert Südfrankreich seine *Boules* bescherte. Den Grund der Schlucht wagten aber auch diese Pioniere nicht zu betreten, erst Edouard Martel erkundete im Jahre 1905 diesen letzten weißen Fleck auf Frankreichs Karte.

Seit 1948 macht die *Corniche Sublime* die Schlucht für Autos zugänglich, aber sie ist Anfang Februar ein Abenteuer für sich: Die Südhänge hat die Sonne noch nicht erreicht, hier türmt sich der Schnee zum Teil noch hoch und eiskalte Luft strömt den Berg hinab. Gegenüber jedoch heizen sich die Nordhänge auf und schicken heiße Luft hinauf. Die Winde treffen sich in Höhe der Corniche und wer hinabschaut, wird von hinten gefrostet und von vorn geheizt.

Dort unten aber erscheint das Wunder des Verdon, ein leuchtend giftgrünes Band, das seit Millionen Jahren am Felsen nagt und jede seiner Windungen und Kehren in den senkrechten und an manchen Stellen 700 Meter hohen Wänden dokumentiert hat. Auf den *Balcons de la Mescia* hat man das gewaltigste Panorama und nur in diesen Frühjahrstagen kann man diesen Platz genießen, die 20 Quadratmeter große Terrasse wird von etwa 300 Parkplätzen bedient, und im Sommer muss man Schlange stehen. Dann sieht man allerdings auch die Rafter und Climber bei ihren atemraubenden Aktionen, die Paraglider in den hinreißendsten Thermiken und ein paar Meter weiter die Bungeejumper von der 180 Meter überspannenden Pont d'Artuby, die sich in einen nur wenige Meter breiten Abgrund stürzen. Sie bleiben bis in den Herbst, und erst wenn ihre Farben die Konkurrenz mit den Bergahornblättern verlieren, werden sie gehen.

Und dann wird auch der kurze Herbst vorbei sein und die Farben matt und die letzten Alten von Les Salles werden missmutig über den See schauen, während es oben zwischen Moustiers und Castellane wieder zu schneien beginnt. □

**Roland Benn** *ist Diplombiologe und gräbt am liebsten in der Paläontologie.*

**MERIAN | TIPP** Museum

**Das Musée de Préhistoire** zeigt neben der Ausstellung im Hauptgebäude das frei zugängliche „vorzeitliche Dorf", in dem Wohnbauten aus der ganzen Menschheitsgeschichte nachgebaut sind. Die *Grotte de la Bonne Baume* ist samstags nach Voranmeldung und mit Führung zu besichtigen.
Route de Montmeyan, 04500 Quinson
Tel. 04 92 74 09 59, www.museeprehistoire.com
Juli/Aug. tgl. 10-20 Uhr, sonst tgl. außer Di 10-18, Apr.-Juni u. Sept. bis 19 Uhr, Mitte Dez. bis Ende Jan. geschl., Eintritt 7 €, Kinder bis 18 Jahre 5 €, unter 6 Jahren umsonst, Familienkarte 19 €
Anmeldung für Gruppen Tel. 04 92 74 09 59

Die Antwortkarte ist bereits weg? Kein Problem: Weiter unten erfahren Sie, wie Sie per E-Mail oder telefonisch mit uns in Kontakt treten können.
28. Dezember 2006: Im ewigen Eis erleben Sie echte Herzenswärme.
Emotionale Augenblicke und ungewöhnliche Erlebnisse gehören zu den besonderen Kennzeichen der Expeditionsreisen mit Hapag-Lloyd Kreuzfahrten. So entdecken Sie z. B. in der Antarktis eine märchenhaft schöne Naturlandschaft. Betreut und begleitet von erfahrenen Lektoren, kommen Sie den sympathischen Bewohnern dieser Region ganz nah, wenn Sie mit den bordeigenen Zodiacs, motorisierten Schlauchbooten, auf Exkursion gehen.
Kreuzfahrten aus Leidenschaft – sind Sie interessiert, mehr darüber zu erfahren? Dann senden Sie die oben beigefügte Antwortkarte ein, schicken Sie eine E-Mail an antarktis@hlkf.de oder rufen Sie uns gebührenfrei an unter (0800) 22 55 55 6 Kennwort HL0605006. Sollten Sie unter den ersten 100 Interessenten sein, haben Sie ein MERIAN-Reisehandbuch „Kreuzfahrten" gewonnen.
Hapag-Lloyd
Kreuzfahrten
www.antarktis-kreuzfahrten.com

# Gläserne Gerücheküche

Die Parfümeure von Grasse kreieren nicht nur zwischenmenschliche Zauberdüfte. Ihre Schöpfungen erfrischen die Welt, machen Erdbeermilch verführerisch und sogar Tütensuppen genießbar. Das alles ist hohe Kunst – und eine globale Milliarden-Industrie

**Text: Christian Sywottek**

Als die Nase den Blumenduft in sich hinein schnuppert, schließt sie die Augen. Von dem mit grünlicher Essenz benetzten Papierstreifen steigen ihr die Moleküle ins Hirn, verbinden sich dort mit Erinnerungen und lassen die Nase sagen: „Das riecht nach Heu, das kommt aus Guinea." Die Nase zupft den nächsten Streifen vom stahlblanken Halter auf der Werkbank: „Ledrig, wie Kamel, ganz klar aus Ägypten." Dann die dritte Probe: „Das riecht am besten", spricht die Nase, „Indien, was sonst."

Jacques Maurel lehnt sich zurück. Test bestanden. Für den Chefparfümeur, die „Nase" von Galimard, fächert sich die Welt auf, die Welt der Düfte, hier in seinem Labor in Grasse, der Stadt, in der sich gut sechs Prozent des weltweiten Duftumsatzes von knapp elf Milliarden Euro sammeln.

Aber Maurel, 63, stammt aus einer untergegangenen Epoche. Ein Herr mit Hut, der sich Zeit nimmt und ohne viel Analysegerät feinste Nuancen ausfiltern und kombinieren kann, bis ein Duft entsteht, der Menschen schwach werden lässt. Weil er seit 43 Jahren nichts anderes macht.

„Als ich klein war, stieg mir immer etwas in die Nase", erinnert sich Maurel an seine Kindheit in dieser verwinkelten Stadt, die sich labyrinthisch den Hang hinaufzieht. Ab dem 17. Jahrhundert bis in die fünfziger Jahre bedufteten Veilchenfelder von den Hügeln die engen, feuchten Gassen, Lavendel, Rosen, Orangenblüten; dämpften und pressten bis zu 200 kleine Manufakturen und große Fabriken die betörende Nässe aus den Blütenblättern, woraus Parfümeure hier und in Paris Riechwässer schufen, die Reiche und Schöne anlegten wie eine zweite Haut. Bis zu 1800 Tonnen hauchzarte Jasminblüten ließen die Pflückerinnen in jedem Spätsommer auf den Hängen von Grasse in ihre Schürzen rieseln.

Heute sammeln die Blumenbauern noch knapp 27 Tonnen Jasminblüten pro Jahr und wenige Tonnen Rosenblüten. Viel zu teuer ist die Zupferei, sodass billige Pflücker aus Übersee fast das gesamte, empfindliche Rohmaterial liefern – wenn die Duftfabrikanten denn nicht gleich auf synthetischen Ersatz ausweichen. Auf den ehemaligen Blumenfeldern wachsen Villen in die Höhe. Wo früher Fabrikschornsteine ihre Wolken ausstießen, kreisen Kräne, schichten Maurer Steine zu schicken Wohnhäusern auf. Richtung Mittelmeer hingegen drängen sich die Betonwürfel der modernen Geruchsindustrie. Sie lassen die Talschüssel mitunter duften wie einen Becher Erdbeermilch – 49 Prozent ihres Umsatzes machen die Hersteller inzwischen mit Lebensmittelzusätzen.

Jacques Maurel schüttelt sich: „Mit diesen Aromen habe ich nichts zu tun." Galimard harrt aus in einer kleinen Nische, lanciert Parfüms und Seifen, überwiegend an Besucher, die ein bisschen Provence im Flakon mitnehmen möchten. Nicht dass da mehr Provence drin wäre als in den Parfüms der Konkurrenz, aber dafür lässt Maurel die Gäste hineinschnuppern in seine gläserne Gerücheküche.

An den Wänden reihen sich 2000 handgroße braune Glasflaschen, gefüllt mit den Essenzen der Welt. Etwa 150 muss Maurel auswählen für ein Parfüm, zudem die richtigen Mischungsverhältnisse finden. „Da nützt keine Mathematik", sagt die Nase, „nur Erfahrung. Vor allem muss man sich an alle Düfte erinnern." Auch deshalb trinkt Maurel keinen Alkohol und schont seine Sinne, indem er nicht raucht und nicht scharf isst.

Er tariert und komponiert und probiert immer wieder mit Pipetten, Glaskolben und Feinwaagen, bis aus den umwerfenden Dämpfen durch feinste Verdünnung ein Bouquet geworden ist, das den Sinnen schmeichelt. Maurel hat Glück: Mehr als zwei neue Parfüms pro Jahr muss er nicht erfinden.

In Grasse arbeiten nur noch drei Charakternasen so langsam wie Jacques Maurel, beschränken sich auf Duft, der auf die Haut gehört. Nach diversen Fusionen und Aufkäufen mischen die meisten der knapp 60 in der Region verbliebenen Fabriken mit in einer Welt, in der alles und jedes riechen muss. Sie mixen Waschmittel-

**MERIAN | TIPP**

Das Musée Fragonard ist dem 1732 in Grasse geborenen Meister des Rokoko Jean-Honoré Fragonard gewidmet. **23, Boulevard Fragonard, Juni-Sept. tgl. 10-19, Okt.-Mai 10-12.30 und 14-17.30 Uhr, Di geschl., 3 €**
Das Musée International de la Parfumerie **(8, Place du Cours)** wird nach einer Renovierung voraussichtlich im Juni 2006 wiedereröffnet.
**Der Film zu Patrick Süskinds berühmtem Buch „Das Parfum" soll im Herbst 2006 ins Kino kommen. Gedreht wurde auch in Grasse. Office de Tourisme 22, Cours Honoré-Cresp, Tel. 04 93 36 03 56 www.grasse-riviera.com**

Wie einst im Mai: In den heute seltenen Rosenfeldern zupfen die Pflückerinnen Blütenblätter als Rohstoff für Chanel. Solches Handwerk ist so rar wie die Genialität der „Nase“ Jacques Maurel

zusätze und den Zitrusduft des Toilettenreinigers, den Milchhauch der Körperlotion, die Frische gegen den Fettdunst in Schnellrestaurants. Und sie sorgen dafür, dass eine Tomatensuppe aus der Tüte auch nach Tomaten schmeckt.

Nur eine Hand voll Firmen stellt heute noch das her, wofür Grasse einst allein stand: die besten Essenzen aus den besten Blüten und Wurzeln und Rinden der Welt.

Ein wenig unterhalb des Viadukts stapeln sich in den Lagerhallen der 152 Jahre alten Traditionsfirma Payan Bertrand graubraune Säcke voller Galbanum aus dem Iran. Olibanumharz aus Somalia dünstet durchs Leinen, verströmt Weihrauchduft. Die brasilianischen Tonkabohnen locken wie Amaretto. Das Heu aus Grasse riecht wie Heu – doch ist es erst zu *flouve* veredelt, für 1250 Euro das Kilo, verfeinert es noch jede Zigarette.

Firmenchef Eric Proal, 45, führt vorbei an bauchigen, mannshohen, stählernen Dampfkesseln, aus denen feinfädig der konzentrierte Duft in Blecheimer rinnt. Stechend scharf steigt der Olibanum-Sud in die Nase, ätzt benzinähnlich die Schleimhäute. „Dampfdestillation ist wie Pastakochen“, lacht Poal, „aber jetzt machen Sie bitte das Handy aus, sonst fliegen wir noch in die Luft.“ Denn wenige Schritte weiter stopft ein staubumwirbelter Mann Arme voll Eichenmoos in den Extraktor, in dem brandgefährliches Hexan die duftenden Substanzen aus dem Moos lecken wird.

Über 100 natürliche Essenzen stellt Payan Bertrand heute noch selbst her. Dabei kostet Jasminextrakt aus Ägypten 1400 Euro pro Kilogramm, das Gegenstück aus Grasse aber 15 000 Euro. Für ein Kilo Eichenmoos muss die Firma 260 Euro bezahlen, dabei könnte sie den entsprechenden Duft auch synthetisch aus Zitronelle herstellen, für 36 Euro. „Das käme in der Tat superbillig“, winkt Eric Proal ab, „aber die Qualität ist deutlich schlechter. In unserem Geschäft kommt es auf jede kleine Drehung am Temperaturregler an, das braucht Erfahrung. Ganz schnell sind die Pflanzen verbrannt. Wir wissen, wie man's macht – und das kriegen wir auch bezahlt.“ Synthetische Ersatzstoffe kämen auch nicht gut in Lebensmitteln. Sie könnten das Original nie erreichen, sagt Eric Proal: „Die Natur ist viel komplexer.“ Das wüssten qualitätsbewusste Geruchsmenschen zu schätzen.

Doch heute schlägt oft der Preis die Qualität. Nur noch Chanel, Guerlain und Patou leisten sich eigene „Nasen“. Das Marketing ersetzt zunehmend die Intuition der Parfümeure: Ist die Zielgruppe definiert, wird ein Image entworfen, dann die Packung und der Flakon, schließlich die Werbung. Am Ende basteln Auftragsfirmen den Duft zusammen. Dessen Herstellung nicht viel kosten darf. Teures Parfüm ist ein hartumkämpfter Markt. Auch deshalb hat sich Payan Bertrand neben seinen Essenzen auf Mischungen für Seifen, Shampoos, Cremes spezialisiert. Aus einigen hundert natürlichen und rund 3000 synthetischen Stoffen bauen Parfümeure die Düfte der modernen Welt.

„Wir sind keine Künstler, wir sind Dienstleister“, sagt Stéphane Bengana kleinen Villa mitten auf dem Werksgelände. Der 34-Jährige ist Chemiker und Absolvent der ISIPCA, der weltweit einzigartigen Parfüm-Schule nahe Versailles. Nun arbeitet er wie im Akkord die Aufträge ab, die ihm beinahe täglich auf grünen Zetteln ins Büro flattern. Seine Nase ersetzt oft ein Chromatograf, der Duftmoleküle passgenau zuschneidet. „Der ist schneller“, sagt Bengana. Wenig Spielraum bleibt ihm auch für die eigene Fantasie. „Wir modifizieren meistens bekannte Parfüms, um ihren Charakter dann auf Seifen oder Duschgel zu übertragen“, erklärt Bengana ein wenig enttäuscht, „wirklich neue Düfte erfinden wir kaum.“

Die Duft-Traditionalisten bei Payan Bertrand suchen an anderer Stelle unverdrossen nach neuen Noten. Denn zum einen werden die Rohstoffe für etablierte Essenzen knapp: Immer weniger Pflücker aus den Lieferländern in Übersee sind bereit, sich für wenig Geld den Rücken kaputt zu machen. Zum anderen wird der Bedarf an aufpeppenden Lebensmittelzusätzen immer größer. „Tiefkühlkost, die vielen eingeschweißten Lebensmittel“, sagt Europa-Verkaufschefin Sigrid Doorenbos, „all das braucht Aromen, und zwar natürliche.“ Deshalb filtern sie jetzt in Grasse farblose Himbeerblätteressenz, haben Muskatnüsse und Ginster verduftet und Pfirsichblätter-Aroma abgefüllt. Wenn der nächste Test erfolgreich endet, wird Grasse bald auch nach Hibiskus riechen. ☐

**Christian Sywottek,** *gelernter Bootsbauer, hat für ungewöhnliche Themen ein Reporter-Näschen.*

# Saint-Trop'

## Liberté, Excentricité, Frivolité

Vor 50 Jahren hat Roger Vadim mit Brigitte Bardot in dem Fischerdorf den Film „Und ewig lockt das Weib" gedreht. Seitdem müht sich hier jeder ab, ein Star zu sein

Text: Stefan Maiwald, Fotos: Walter Schmitz

Kleiner Hafen, große Yachten – und daheim hängt dann die gepinselte Sehnsucht an der Wand

NI 765305

Auf die Größe kommt es nicht an. Zum Durchqueren des Ortskerns von West nach Ost braucht man schnellen Schrittes fünf Minuten, von Nord nach Süd vier. Saint-Tropez ist nicht Monte Carlo, nicht Nizza und nicht einmal Cannes: 6000 Einwohner bleiben hier in der Nebensaison unter sich. Saint-Tropez ist winzig. Aber kaum ein Ort ist zugleich so klein und so gigantisch.

Es musste kein Gunter Sachs kommen, um das Fischerstädtchen wachzuküssen (wobei Gunter Sachs, um im Bild zu bleiben, Saint-Tropez gewissermaßen entjungfert hat). Der erste Knutschfleck aber kam von den Künstlern. Das Licht, jaaa natürlich, das Licht war es, das sie vor hundert Jahren hierher zog. Vielleicht sind Künstler aber auch nur Menschen wie du und ich, haben Lust auf viel Sonne und billigen Wein und scharfen Absinth und schöne Französinnen. Denn wenn das Licht wirklich so wichtig sein soll, dann wundert es schon, dass beispielsweise die niederländische Malerei trotz Nebel und Nieselregen 200 Jahre lang stilbildend sein konnte.

Also kamen sie hierher, mit ihren Staffeleien und ihren Farben und ihrem Durst. Kurz danach kamen die Schriftsteller mit ihren Schreibmaschinen und ihrem noch größeren Durst. In den fünfziger Jahren kreuzten Kreative und Hochstapler auf, Tunichtgute, Millionenerben, Maßanzug-Kriminelle und schöne Menschen – all jene also, die es stets vermeiden konnten, ihren Wecker wochentäglich auf 6 Uhr 30 stellen zu müssen.

Saint-Tropez ist auch uns Normalsterblichen zugänglich, und das macht die Sache sexy. Hier prallt der Jetset auf den Massentourismus; der Lohnarbeiter trifft auf jene Stars, die er aus *Bunte* und *Gala* kennt. Was in St. Moritz, auf Mustique und auf Sardinien in Skihütten, 5-Sterne-Hotelbars und abgeschiedenen Buchten vor sich geht (in Sardiniens „Billionaire" muss, wer mitfeiern will, zur Reservierung ein Foto schicken, auf dass der Türsteher am Laptop entscheiden kann, ob die Nase den Stammgästen zuzumuten sei), findet hier im öffentlichen Raum statt. Der Tourist in Shorts und Sneakers schlendert an geheimnisvollen Gestalten vorbei, hinter deren Sonnenbrillen sich die eine oder andere Hollywood-Diva verbergen könnte. Es gibt ja nur dreieinhalb Cafés in Saint-Tropez, und wenn Bruce Willis Lust auf einen Cappuccino hat, dann bleibt ihm kaum eine andere Wahl. Komm, wir gehen Stars gucken! Das geht ganz leicht. Das bessere Leben scheint zum Greifen nah.

Doch den Laden am Laufen halten die Russen. Die Luxushoteliers haben mit den Oberschichtlern Ost ein Problem und doch wieder keins. Zum einen zerlegen die neuen Gäste gern einmal Hotelzimmer, vergraulen mit ihrem Gelärme blaublütige Stammgäste und sorgen für Chaos am Frühstücksbüfett. Sie wissen zum Beispiel nicht, dass man sich an der Lachsplatte mit dem Teller bedienen soll, und nehmen gleich das ganze Silbertablett mit an ihren Tisch. Gern fliegen auch mal nachts Fernseher aus höher gelegenen Stockwerken, einfach so. Zum anderen zahlen die Russen klaglos alles. Und zwar bar. Und geben obendrauf Trinkgeld in Bündeln.

Auch die Edel-Dienstleister hätten es schwer ohne die potenten Gäste aus Osteuropa. Das lässt sich besonders am Nikki Beach beobachten, wo alles so viel Geld kostet, dass man schon sehr reich und sehr unvernünftig sein muss, um sich hier seine Sommerbräune abzuholen. Fangen wir mal harmlos an. Handtuch-Leihgebühr: 12 Euro pro Tag. Parkplatz direkt am Strand (Porsche Cayenne neben Bentley Arnage neben Ferrari Modena): 500 Euro pro Tag. Flasche Champagner: 2500 Euro. Anteil der Russen an den Nikki-Beach-Gästen zur Hochsaison (geschätzt): 60 bis 70 Prozent.

Von oben unscheinbar: Nur der Kirchtum macht das Fischerdorf Saint-Tropez unverwechselbar

Wer zu den Großen in Saint-Tropez gehören will, braucht Geld. Viel Geld. Die kleineren Großen reisen im eigenen Mercedes M-Klasse an und übernachten im Byblos, Zimmerpreis niedrigste Kategorie 500 Euro. Macht für zwei Wochen 7000 Euro nur fürs Dach über dem Kopf. Die mittelgroßen Großen lassen sich per Helikopter einfliegen (die Straße von der Autobahn nach Saint-Tropez zwingt zu furchtbarem Gegurke, vor allem wenn man von daheim das geruhsame Gleiten vom Landsitz zum Golfplatz gewohnt ist). Das macht ab Nizza rund 3000 Euro und noch einmal das Gleiche für einen angemessenen Mietwagen. Zwei Wochen inklusive Hotel bedeuten mindestens 10 000 Euro. Die großen Großen haben ihre eigene Yacht und ankern direkt vor dem Sénéquier, jenem VIP-Showroom, der sich als Café tarnt. Ein vernünftiger Liegeplatz kostet 90 000 Euro. Pro Woche. Aber wer Boote besitzt, wie sie in Saint-Tropez liegen, denkt in anderen Dimensionen. Ein Beispiel: Allein der Anstrich einer 40-Meter-Yacht kostet bis zu fünf Millionen Euro. (Wer jetzt vor Neid platzt, sollte wissen: Eine Yacht ist auch nur ein Wohnmobil. Letztlich ist das Leben an Bord wie Camping. Außer dass man Roederer Cristal trinkt statt Radeberger.) Während es im Club 55 noch halbwegs gesittet zugeht, ist das Voile Rouge Symbol des neuen Saint-Tropez: Hier verspritzen die Sonnenkönige in der Hochsaison regelmäßig Champagner. Aus dem Scherz eines betrunkenen Kellners ist ein Ritual geworden, das täglich bis zu viermal wiederholt wird, am hellichten Tag wohlgemerkt. Wer die meisten Bikinimädchen abspritzt, kriegt den Titel „King of Champagne". Auch Olivier Martinez gönnte sich und den Tischnachbarn schon mal eine ausgiebige Dusche, ein Mann, für dessen Familie nicht einmal Kylie Minogue gut genug war. Als er sie seinen Eltern vorstellte, hat der Vater gesagt: „Was ist denn das für ein hässlicher Zwerg?"

Playboys der alten Schule rümpfen bei derlei Exzessen die Nase. Oder rümpften, falls sie noch könnten. Saint-Tropez-Liebhaber Porfirio Rubirosa etwa war schüchtern, hasste Herrenwitze und trank den Champagner lieber, als ihn in Dekolletés verschwinden zu lassen. Nur das Autofahren betrieb er exzessiv, bis ein Baum im Bois de Boulogne zu Paris seinen Ferrari von 200 km/h auf 0 abbremste. Rubirosa, Soraya Esfandiari, Alfonso zu Hohenlohe,

Lässigkeit will gelernt sein – und das Schminken im Café de Paris am Vieux-Port ist ein öffentlicher Akt

Ruhe vor dem Shopping-Sturm: In den alten Fischergassen haben viele Pariser Edelboutiquen ihre Sommerfilialen

Gianni Agnelli, Samir Sibaei: tempi passati, längst regiert eine andere Generation Saint-Tropez – eine Generation von Superreichen, deren Angehörige Nachnamen tragen, die viele Konsonanten enthalten. Was waren das noch für Zeiten, als die Liebesgeschichte zwischen Gunter Sachs und Brigitte Bardot gleich zwei Nationen in Atem hielt und auch ein klein wenig zur Aussöhnung der Erbfeinde Frankreich und Deutschland beitrug.

Wer über Brigitte Bardot redet, muss aber vor allem über einen Mann reden: Roger Vadim. Der Regisseur hat Mademoiselle mit dem Film „Und ewig lockt das Weib"(1956) zum Symbol für Saint-Tropez gemacht und Saint-Tropez zum Symbol für Brigitte Bardot. Zudem hat er dem Club 55 in eben jenem Jahr ein fürstliches Upgrading verpasst. Einst war es nämlich ein unscheinbares Imbisslokal, in dem während der Dreharbeiten Madame de Colmont Würstchen grillte. Vadim bestellte zwei Dutzend Portionen für die Crew, und Madame witterte Geld. Noch heute profitiert Sohn Patrice von Mamas Geschäftssinn.

Ach, Brigitte. Beschäftigen wir uns ein bisschen mit ihr, weil man das gar nicht oft genug tun kann. Die gebürtige Pariserin ist nicht wie eine Dea ex Machina über Saint-Tropez gekommen: Ihre Eltern hatten ein schönes Ferienhaus in der Rue de la Miséricorde direkt an der Dorfkirche. „Sie nur anzusehen war ein Liebesfilm", sagt Gunter Sachs, denn sie war keineswegs, wie häufig geschrieben, ein hässliches Entlein, das erst mühsam zum schönen Schwan aufgehübscht werden musste: Nein, sie nahm seit ihrem fünften Lebensjahr Ballettunterricht, erhielt mit 14 ihre ersten Model-Aufträge und tauchte mit 15 auf Magazincovern auf.

Saint-Tropez war ein Außenposten der sexuellen Revolution, denn Brigitte und ihre Freundinnen haben sich in den frühen Sechzigern auch mal oben ohne gesonnt, was von der Schmierlappenpresse zum Skandal hochgehechelt wurde. Aber wenn man die Fotos genau betrachtet, fallen doch die markanten Bikinistreifen auf. Brigitte war ein braves Mädchen. Bis heute ist sie Saint-Tropez treu.

Ein sonniger Ort für schattige Leute sei die Côte d'Azur, hat Somerset Maugham festgestellt, und das, finden die Alteingesessenen, sei nie so wahr gewesen wie heute. Aber wer sich heute über die Russen aufregt, hätte sich früher bestimmt über die Nacktbader geärgert. Auch damals wurde von Verrohung der Sitten gesprochen. Und ganz nebenbei: Viele der damaligen Playboys sind ebenfalls nicht durch ehrliche Arbeit oder zumindest durch ein anständiges Erbe reich geworden. Wer die Russen verachtet, der hat auch kein Recht, die fünfziger Jahre zu verklären. Denn die südamerikanischen Märchenprinzen von damals haben ihr Geld nicht mit handgewebten Ponchos verdient.

Und so romantisch waren die Lebemänner von einst nun auch wieder nicht. „Verlieben", sagte der unvergleichliche Gianni Agnelli einmal, „ist was für Dienstmädchen."

Aber Agnelli war immer lieber in Monte Carlo. □

**Stefan Maiwald,** *Jahrgang 1971, lebt in Grado an der Adria.*

**MERIAN | INFO**

SAINT-TROPEZ

„Bei aller Liebe – aber dann schon lieber Neuruppin", schrieb Kurt Tucholsky, der 1925 in das Fischerdorf gekommen war. Was ist dann also das Besondere an diesem Ort? Er ist der einzige, den die Franzosen selber entdeckt haben. Saint-Tropez ist 50 geworden – wenn man als Geburtsdatum die Ankunft eines Filmteams von Roger Vadim rechnet, das mit Brigitte Bardot den Streifen mit dem Titel „Et Dieu...créa la femme" (und anderen Titelvarianten) drehte. Seitdem ist hier Party. Der Ehrgeiz, dabei zu sein, verteilt sich auf Leitwölfe, Mitläufer und das Rudel der Schaulustigen. Das Pendel zwischen „in" und „out" schlägt schnell, die zur Schau gestellte Lässigkeit ist strapaziös und desgleichen die abgeklärte Genusssucht.

Tarte tropézienne, mit Vanille-Milchcreme gefüllter Kuchen, hat Alexandre Micka nach einem Rezept aus seiner polnischen Heimat kreiert. Wer in diese einem Bienenstich ähnliche Pampe beißt, beweist Mut. Tropéziennes, Riemchensandalen, die jeden Trendwechsel überdauerten, stellt das Atelier Rondini (Rue Georges-Clemenceau) in der dritten Generation her.

Was tun? Rumstehen im Schatten der Hecks von Luxusyachten am Vieux-Port, Rumsitzen in den roten Sesseln des Sénéquier am Quai Jean-Jaurès und, wenn man reinkommt, Rumhängen im Papagayo, im VIP Room oder Les Caves du Roy.

Außerdem sind da ja auch noch die Strände: Plage de Pampelonne mit Tahiti-Plage gehört eigentlich zu Ramatuelle. Und, so schreibt Gunter Sachs, Miterfinder von Saint-Tropez, in seinem Buch „Mein Leben": „Man fühlte sich an den Stränden wie ein gepresstes Edelweiß in einem Poesiealbum." Heute ist der Druck noch stärker.

La Bravade, Volksfest zu Ehren des Ortsheiligen Torpès Mitte Mai mit dem Aufmarsch kostümierter Seeleute.

**Office de Tourisme, Quai Jean-Jaurès**
**Tel. 04 94 97 45 21**
**www.saint-tropez.st**
**(nur am 25. Dezember geschlossen)**
**Maison du Tourisme du golfe de Saint-Tropez et du pays des Maures Gassin, Tel. 04 94 55 22 00**
**www.golfe-infos.com**

Geisterstunde in Sisteron. An die romanische Kirche Notre-Dame-des-Pommiers haben um 1200 auch lombardische Baumeister Hand angelegt: Der Wechsel heller und dunkler Quader am Portal verrät ihren Stil

# Magnans Welt

Magisch und menschenleer, abseits und anziehend: die Hochprovence. Der Schriftsteller Pierre Magnan führte ein MERIAN-Team zu Geheimnis umwitterten Schauplätzen seiner Geschichten

*Text: Klaus Simon, Fotos: Wilfried Bauer*

Nachtruhe. Selig entschlummern Gäste im sanften Rauschen der Platanen: „Relais d'Elle" in Niozelles ist eines der begehrten provenzalischen Chambres d'Hôtes

Nachtschatten. In fahles Licht ist der atemraubend steile Treppenweg von Sisteron hinauf zum mittelalterlichen Bollwerk der Zitadelle getaucht

Nachtlichter. Wie ein Leuchtturm strahlt Notre-Dame-du-Marché in den Himmel von Forcalquier. Wenn montags hier Markt ist, sitzt Pierre Magnan an seinem Stammplatz im Café „Le Bourguet“

„Ich fahre gern zu den Tatorten meiner Verbrechen“, sagt Krimiautor Pierre Magnan. Auch Sisteron und Forcalquier hat er literarisch Denkmäler gesetzt

Zum fulminanten Schluss richtet die Natur den Mörder: Ein Blitz schlägt den Flüchtenden am Eingang zu den Clues de Barles von der Mobylette. *Fini*. Im Todessturz poltert die Trommel zu Boden, deren dumpfer Klang zumindest im Roman „Les Courriers de la mort“ das Erkennungszeichen des Täters war. Es tritt auf Monsieur le Commissaire Laviolette: Bevor das Corpus delicti in den reißenden Bès rollt, greift er zu. Womit der ebenso rundliche wie renitente Kommissar den Beweis in der Hand hält und ein Verdacht zur Gewissheit wird: Der Mörder war immer der Dorflehrer. Das Motiv? Rache, Hass, Gier, mithin Gefühle so archaisch und unzähmbar wie die Natur der Hochprovence.

Die D 900A schraubt sich durch quittengelbe Pappelwälder hoch nach Barles. Ein paar enge Kehren später mischen vom Wind schütter gerüttelte Eichen Rostrot unter das Gelb. Aus dem bunt gescheckten Pelz des Herbstwalds lugen plötzlich rabenschwarze, nackte Hänge. Kurz vor dem Dorf, das die Grenze zwischen Südalpen und Provence markiert, rücken die Felsen bedrohlich eng an den Asphalt: Bienvenue in den Clues de Barles. „Ich fahre gern zu den Tatorten meiner Verbrechen“, sagt Pierre Magnan an der Stelle, wo der Dorflehrer von Barles in „Les Couriers de la mort“ zu Fall kam. Eine gute Stunde

Château de Sauvan vom Anfang des 18. Jahrhunderts gehört den Brüdern Allibert. Die Antiquitätenhändler haben das Schloss mit Geld und Gespür vor dem Verfall gerettet

Heilquellen, gute Luft und reichlich Weltabgeschiedenheit: Digne. Der Schnellzug Genf – Nizza passiert täglich den Ort, in Gegenrichtung ein zweiter

dauerte die Fahrt von Forcalquier bis in die Schlucht am Massif des Monges. Auf dem Beifahrersitz summte der 84-Jährige Bach-Kantaten: „Bach ist die einzige Musik, die mich erfüllt“. Nummer 140 ist Magnans Lieblingswerk.

In den Clues de Barles gibt das Amok laufende Wasser den Ton an. Mit Gebrüll kracht der Bès vom Fuß der 2739 Meter hohen Roche Close auf das Nadelöhr der Clues zu. Fast so, als wolle der Stein dem Gebirgsbach zuvorkommen, stürzen vom Himmel die geriffelten Felsenwände auf den Bès herab. Durch einen blassblauen Schlitz über unseren Köpfen meißelt sich die Sonne in das gotisch anmutende Faltengewand der Schlucht. Ein Auto rollt im Schritttempo vorbei. Ungläubig schaut der Fahrer dem Greis mit dem markanten, sonnengegerbten Gesicht hinterher, zögernd, ob er aussteigen soll.

Pierre Magnan ist kein Unbekannter in den Dörfern des Départements Alpes-de-Haute-Provence. Montags streift der Schriftsteller über den Markt von Forcalquier und hält anschließend im Café „Le Bourguet“ so etwas wie eine öffentliche Sprechstunde. Die Lesungen im benachbarten Banon verursachen regelmäßig einen Menschenauflauf. Als Magnan das letzte Mal angekündigt war, gingen 1004 Bücher über die Theke der „Librairie Le Bleuet“ seines Freundes Joël Gattefossé.

In jeder freien Minute sucht Magnan die Einsamkeit der Hochprovence. Eine am Ortsrand von Mane entdeckte Ruine lieferte die Kulisse für „Das ermordete Haus“. Ein Briefkasten am Friedhofstor von Barles gab den Anstoß für die in Schönschrift verfasste Morddrohung in „Les Couriers de la mort“. Das Château de Sauvan der Gebrüder Allibert,

**„Verbrechen sind für mich nur ein Vorwand, um eine Stimmung einzufangen, eine Abenddämmerung, ein Morgengrauen“, sagt Pierre Magnan**

Am Südhang der Montagne de Lure wurde 1165 diese Benediktinerabtei gegründet. Die Kirche Notre-Dame hat überdauert und ist Wallfahrtsziel an jedem 15. August

Die Durance musste lange kämpfen, um durch die Felsen bei Sisteron in die Provence zu kommen

## Wolken verhängen die Zitadelle über dem Städtchen Sisteron – so sieht ein Szenario nach dem Geschmack von Pierre Magnan aus

mit denen Magnan jahrzehntelange Freundschaft verbindet, rückt ins Zentrum von „La Folie Forcalquier“.

Mit dem schlohweißen Schopf und den wasserblauen Augen ist Magnan eine Altersschönheit, die auffällt unter den von Wind und Wetter gegerbten Gesichtern des Départements Alpes-de-Haute-Provence. „Basses-Alpes“, unterbricht Magnan freundlich. Basses-Alpes hieß das Département zwischen Lure-Gebirge, Verdon-Schlucht, Route Napoléon und Ubaye-Tal früher. Weil aber das Zauberwort Provence in jedem noch so prätentiösen Namen fremdenverkehrsförderlich wirkt, erfanden smarte Tourismusmanager das etwas künstliche „Alpes-de-Haute-Provence“.

Magnan kam 1922, damit Lichtjahre vor der touristischen Entdeckung der menschenleeren Hochprovence in Manosque zur Welt. In der mit 21 000 Einwohnern größten(!) Stadt des Départements lernt der Jugendliche Jean Giono kennen. Der verschlossene Einzelgänger und literarische Autodidakt avanciert im Nu zum literarischen Vorbild des 16-Jährigen. Von Giono übernimmt Magan das Sujet aller weiteren schriftstellerischen Versuche: die Hochprovence. Auf dem Dachboden der Großeltern in der Altstadt von Manosque entsteht ein erster Roman. „L'Aube insolite“ findet 1946 bei Kritik und Lesern halbwegs Wohlgefallen. Drei weitere Bücher werden Misserfolge. Der Verleger rät zu einem Résistance-Roman, kurz nach dem Zweiten Weltkrieg sind heroische Widerstandsgeschichten Garant für einen Publikumserfolg.

Als überzeugter Pazifist lehnt Magnan ab. Die Verweigerung kommt einem selbst auferlegten Publikationsverbot gleich. Radikalpazifistische Standpunkte und vermeintlich unpolitische Themen wie die dramatische Schwere der Hochprovence sind im Frankreich der späten vierziger Jahre suspekt. Magnan verzichtet auf weitere Versuche, ein Buch zu veröffentlichen. Vorerst.

Um Geld zu verdienen, nimmt der verhinderte Schriftsteller im Raum Paris eine Anstellung bei einer Firma für Kühlsysteme an. Das tägliche Pendeln mit dem Vorortzug von Bueil nach Paris nutzt er, um zu schreiben. Vor dem Abteilfenster rauscht die Île-de-France vorbei, im Kopf hat der junge Angestellte die Hochprovence: „Ich könnte

Noch immer mit Feuereifer Autor: Pierre Magnan am Kamin

Krimi-Requisite: alter Citroën in einer Garage in Banon

niemals einen Roman schreiben, der in Rio spielt, sondern nur einen, der in den Basses-Alpes beheimatet ist". Also schreibt er auf der Hinfahrt über den Herdenabtrieb im Oktober, bei dem sich tausende Schafe durch die Clues de Barles zwängen. Abends auf dem Rückweg dann über den Duft der Schnapsdestillerien, deren magerer Rauch kerzengerade im Winterhimmel steht.

Als nach knapp 30 Jahren die betriebsbedingte Kündigung ausgesprochen wird, ist Pierre Magnan 54. Die Rücklagen reichen für den Kauf eines halb zerfallenen Gehöfts mit Pigeonnier und 5000 Quadratmeter Land im von Landflucht gebeutelten Pays de Forcalquier. Es ist die Zeit, in der Giono von einer ganzen Lesergeneration wiederentdeckt und die Provence literatursalonfähig wird.

„Ich musste bei meiner Rückkehr in die Basses-Alpes Geld verdienen und beschloss, einen Roman über Digne zu schreiben. Krimis verkauften sich schon damals gut. Folglich zieht sich eine Blutspur durch „Le Sang des Artrides" (deutscher Titel: „Das Zimmer hinter dem Spiegel"). In dem 1977 veröffentlichten Sittenbild von Digne streckt ein Oberschüler die Liebhaber seiner verwitweten Mutter mit inzestuösem Furor nieder. Seine Waffe ist eine Steinschleuder. Als Geschosse dienen handverlesene Kiesel aus der Bléone, an deren Ufer Digne sich ausbreitet. Nur einer vermag die menschlichen Abgründe im bourgeoisen Mief der Präfekturstadt auszuloten: Kommissar Laviolette, den eine Strafversetzung (bitte, einen Vorgesetzten nennt man nicht ungestraft „Tante Louise") schnurstracks dahin verbracht hat, wo es ihm ohnehin am besten gefällt. In die Hochprovence eben.

In Digne war man trotz Laviolettes Liebesbekenntnis zum schmucklosen Städtchen nicht begeistert. Magnan beschönigt nichts. Nicht die „tödlichen" Winter, die alles Leben in der Stadt erstarren lassen. Nicht den Umstand, dass Godard-Filme in Digne nur selten in den Kinosaal kommen. Nicht die jämmerliche Mittelmäßigkeit, die auch die „schlecht eingestellten Lautsprecher" am Pankratius-Tag schwerlich überdröhnen. Es kam, wie es kommen musste: In Paris erhält „Le Sang des Artrides" 1978 den Prix du Quai des Orfèvres für den besten Krimi des Jahres.

Sechs Jahre darauf erscheint „La Maison assassinée" („Das ermordete Haus"), dessen Geschichte auf eine Erzählung aus dem Mund von Magnans Großmutter zurückgeht. Nur der Vollmond ist Zeuge, als in einer Poststation über dem Durance-Tal die Familie des Fuhrhalters Monge bestialisch niedergemetzelt wird. Die mit Imkerhauben vermummten Täter übersehen in der Wiege den erst wenige Monate alten Säugling. Oder wurde Séraphin bewusst verschont?

Die Zeit heilt bei Magnan keine Wunden. 23 Jahre später kehrt Séraphin Monge aus den Schützengräben des Ersten Weltkriegs in die Hochprovence zurück. Ein Unversehrter unter den gueules cassées, den Kriegsentstellten, die Frankreich traumatisieren. Der gut aussehende Hüne trägt das elterliche Haus Stein für Stein ab. Mit drei Schuldscheinen glaubt er eine Spur zu finden. Falsch. Wie schon im „Zimmer hinter dem Spiegel" gibt es kein Entrinnen, sondern nur Verstrickung in Schuld. Ausgerechnet die Töchter der mutmaßlichen Mörder buhlen um den getriebenen Séraphin. „La Maison assassinée" wird Magnans bislang größter Erfolg. Der Roman über das Grauen, das aus der Idylle kommt, erscheint auch auf Englisch, Italienisch, Spanisch, Griechisch, auf Norwegisch, Schwedisch, Dänisch, als erstes Magnan-Buch auf Deutsch und wird verfilmt.

Auf der Höhe seines Ruhms sorgt Magnan, von dessen Büchern allein in Frankreich 2,8 Millionen verkauft worden sind, für einen literarischen Skandal. Dazu reicht ihm ein Satz zu bester Sendezeit in der prominenten Literatursendung „Exlibris": „Ich bin ein Autor mittlerer Intelligenz, der für Menschen mittlerer Intelligenz schreibt". TF1-Moderator Patrick Poivre d'Arvor versuchte abzuwiegeln. Der ebenfalls geladene Paul Auster zog es vor, kein Wort zu verstehen. Zwei anwesende Prix Goncourt-Preisträger gaben sich verschnupft.

Herbstliches Wildwasser: der Galabre, ein Nebenfluss des Bès

Schätze im Regal: Buchhandlung „Le Bleuet" in Banon

„Ich benenne die Dinge so, wie sie sind", kommentiert Magnan den Fernsehauftritt beim Bummel durch die Altstadt von Sisteron. *Défense d'uriner* mahnen Schilder in den Andrônes, den Tunnelgassen der *vieille ville*. Es riecht nach feuchten Wänden, vor sich hin schmurgelnden Tripes d'Agneau, in abgelegenen Winkeln auch danach, dass die Schilder wenig Beachtung finden. Wolken verhängen die Zitadelle, die ungeschlacht über dem Bauch von Sisteron thront. Kurzum, so sieht ein Szenario nach Magnans Geschmack aus. Und so nimmt das Drama in „Le secret des Andrônes" („Tod unter der Glyzinie") seinen Lauf. Ein Sturz vom Wehrturm der Festungsanlage, die einst die Provence zum Dauphiné verriegelte, gibt den Auftakt zu einer halsbrecherischen Mordserie. Eine um die andere werden die Dienstmädchen von Rogeraine Gobert zu Tode gestürzt. Das Motiv spürt Kommissar Laviolette unter den verknoteten Ästen einer Glyzinie auf, die sich aus der Enge der Altstadt ans Licht windet: Habgier. Die Methode: Heimtücke. Einen langen Herbst geht das Morden, bis der Fall blutig gelöst wird. Als Laviolette zum Abschied einem Opfer Blumen aufs Grab legt, braust der Dezemberwind durch die schneeschweren Bäume.

Magnans Hochprovence ist keine heitere Urlaubslandschaft, sondern eine beklemmende Bühne für die menschliche Tragödie. Helden wie Opfern ist kein heiter-besoffenes Vergessen mit einem Glas Rosé unter der Platane vergönnt. La Montagnère, der eisige Nordwind, und der Nebel über der Durance bescheren düstere Herbstabende, die nach einem Glas Génépi verlangen. Oft ist nur der Vollmond Zeuge. In seinem fahlen Schein greift der Täter zu Blausäure oder Kieselstein. Niemals zum Revolver. Kühl berechnende Gangster sind Magnans Sache nicht. Die Täter sind vielmehr Getriebene, die in der Stille eines verschwiegenen Tals eines Tages den Grad zum Wahn überschreiten. Jahrelang leben sie inmitten der Trüffelsucher, Schäfer und Honoratioren, bevor das Morden so unausweichlich beginnt, wie der Winter die Hochprovence jedes Jahr in eine Landschaft von fast gewalttätiger Schönheit verwandelt. Warum oft beides zusammenfällt? „Verbrechen sind für mich nur ein Vorwand, um eine Stimmung einzufangen, eine Abenddämmerung, ein Morgengrauen über der kargen, einsamen, tragischen Landschaft", gesteht Magnan.

High Noon *à la provençale* in Banon. Punkt zwölf rumpelt aus den Eichenwäldern eine Blecharmada klappriger Renault-Kastenwagen und japanischer Pickups zum Aperitif vor die Terrasse des „Hôtel des Voyageurs". In „Laviolette auf Trüffelsuche" spielt die Tiefkühltruhe des Etablissements eine grausige Rolle... Unser Ziel aber ist die „Librairie Le Bleuet" auf der anderen Seite des Platzes. Der Banon-Krimi steht zusammen mit allen anderen lieferbaren Magnan-Titeln im Regal. „Wissen Sie, an was ich denke, wenn ich all die Bücher sehe, die ich geschrieben habe?",fragt Magnan beim Blättern. Ich muss passen. „Nun, ich denke an die Bäume". □

**MERIAN | INFO** Magnans Werke

Auf Deutsch sind bei Fischer u. a. erschienen:
**Tod unter der Glyzinie**
**Das ermordete Haus**
**Das Zimmer hinter dem Spiegel**
**Der Mörder mit der schönen Handschrift** (Mai 2006)
www.fischerverlage.de
Pierre Magnan im Internet: www.lemda.com.fr

Librairie Le Bleuet
60 000 Titel hält der Buchladen von Joël Gattefossé in Banon im Sortiment, darunter alle lieferbaren Bücher von Pierre Magnan. Das Nachrichtenmagazin *Le Nouvel Observateur* hat die Buchhandlung in der tiefsten Hochprovence unter die zehn besten Frankreichs gewählt.
Banon, Place St-Just, Tel. 04 92 73 25 85
täglich geöffnet außer dem 1. Januar 9-20 Uhr

Katia und Thomas Mann, Juni 1933

# Wartesaal Midi

Text: Jan Biener

**Mann und Marcuse, Feuchtwanger, Hasenclever und Brecht – wie das Fischerdorf Sanary-sur-Mer in der Nazizeit zur Hauptstadt der deutschen Literatur wurde. Die verstoßenen Schriftsteller flohen in das Land des Lichts und durchlebten finstere Zeiten**

Info-Tafeln erinnern an die Schicksale deutscher Literaten in Sanary

Auf halber Strecke zwischen Saint-Tropez und Marseille, etwas versteckt zwischen Hügeln und Meer, liegt Sanary-sur-Mer, nach Ludwig Marcuse die „Hauptstadt der deutschen Literatur". Wie so viele andere bedrohte oder „ausgebürgerte" Autoren war ihm bereits 1933 nur noch die Flucht vor den Nazis geblieben. Und er war nicht der einzige, den es in dieses Fischerdorf verschlug: Lion Feuchtwanger lebte hier im Exil , auch Thomas Mann, 1929 noch mit dem Nobelpreis ausgezeichnet. Brecht und Hasenclever kamen regelmäßig zu Besuch. Bruno Frank, Arthur Köstler, Hermann Kesten oder René Schickele verbrachten hier Jahre. Aber Hauptstadt der deutschen Literatur? Der Ersatz für das Nachtleben im Berlin der wilden Zwanziger? Zwei verrauchte Dorfkneipen, „Nautique" und „Marine". Dennoch wurde Sanary zum Magnet für die flüchtenden Weimarer Intellektuellen. Was bis heute niemand so recht zu erklären vermag.

Das Leben war bisweilen unbeschwert, man traf sich in der Kneipe und veranstaltete Leseabende. „Alles war azurblau, nur nicht unser Gemüt", schreibt Marcuse. „Wir waren im Paradies – notgedrungen". Viele Autoren plagten Existenzängste. Sie hatten mit der Heimat auch ihre Leser verloren. Brecht, der seinen alten Münchner Freund Feuchtwanger besuchte und im „Nautique" Lieder gegen Hitler anstimmte, fand das Idyll nur „langweilig", Thomas Mann beschwerte sich über Mücken und Wind.

1940 wurde es bedrohlich im Wartesaal am Mittelmeer. Deutschland hatte Frankreich besetzt, selbst bekannte Autoren wie Feuchtwanger wurden als „feindliche Ausländer" im Lager Les Millets bei Aix interniert. Niemand war mehr vor den Nazischergen sicher, Lissabon die letzte Chance, Europa zu verlassen. Viele tauchten unter und schlugen sich nach Portugal durch. Für René Schickele aber war Südfrankreich letzte Station seines Lebens. □

Stadion
Sportsbar
Allianz Arena
HEUER & SACHSE

# Picasso und Marianne

**Die Frauen um Picasso sind legendär – Musen, Ehefrauen, Liebhaberinnen. Nur Marianne Greenwood blieb unbekannt. Viele Jahre gehörte sie zum Kreis des weltberühmten Künstlers. Dann bereiste sie die Welt, schrieb und fotografierte auch für MERIAN. Tibor M. Ridegh besuchte die Greenwood in Antibes**

Marianne Greenwood: über den Dächern, über dem Meer

Zwischen Yachthafen und Kap wachsen zwei massige, sandfarbene Quader in ein blaues Wunder, den ausgemalten Himmel von Antibes. Die felsige Bastion, auf der sie ruhen, steht dem Mittelmeer im Weg, und dahinter liegt die charmant verschachtelte Stadt. Landwärts und nach Osten scheinen die Seealpen und Nizza zum Greifen nah. Wenn der eiskalte Mistral von Norden über die Côte d'Azur fegt, gibt es meistens eine gute Fernsicht und manchmal erfrorene Palmen.

Um die Klarheit des Lichts, des Tages und der Luft malerisch zu erforschen, mit ihr zu experimentieren, zog es stets Künstler an die südfranzösische Küste. Hier reflektieren Felsen, Erde und Meer das Sonnenlicht so stark, dass alle Farben sehr viel kräftiger wirken. Auch das heitere, mediterrane Ambiente und das bukolische Lebensgefühl wurden für viele Maler zum Urelement ihres Schaffens. Und wie kaum anderswo verbinden sich ihre Namen mit Orten: van Gogh und Arles, Cézanne und Aix, Renoir und Cagnes, Matisse und Nizza, Chagall und Vence, Picasso und Juan-les-Pins, Antibes, Vallauris, Cannes.

Pablo Picasso kommt weniger wegen des Lichts, sondern der Wärme halber, die für ihn zugleich Wärme für die Seele ist. Ja, den Regen in Paris empfindet er als ganz persönliche Beleidigung. 1923 steht er in Antibes zum ersten Mal vor der alten Burg mit den Quadertürmen; sie ist verlassen und verfallen. Von einem weiteren Aufenthalt, 1939, zeugt das Bild „Nächtlicher Fischfang bei Antibes", heute im New Yorker Museum of Modern Art. Doch noch sind der Künstler und die Stadt nicht füreinander bestimmt.

Im Schloss oben auf der Klippe hielten inzwischen antike Amphoren und der Säbel Napoleons Einzug. Der Adelige Jules-César Romuald Dor de la Souchère, auf dessen Betreiben die Kommune den 600 Jahre alten Sitz des monegassischen Clans der Grimaldi gekauft hat, richtet ein Museum ein. Rasch gründet sich ein Kunstverein, und das notwendige Fundraising für das noch recht karge Haus gipfelt in der schönen Idee einer Tombola.

Zu dieser Zeit lebt der Andalusier, Wahlkatalane und Exilwahlfranzose Picasso bereits an der Côte d'Azur. Dor de la Souchère kennt dessen Bade-

Picasso mit Dalmatiner, fotografiert von Marianne Greenwood. Menschen nahm er in Besitz, Tiere musste er nicht beherrschen

platz in Golfe-Juan, fährt hin und überwindet sich, den Maler um eine Spende zu bitten – ein Bild oder eine Zeichnung. Ein wenig arrogant stellt Picasso ein kleines Aquarell in Aussicht, und dann nörgelt er beiläufig darüber, woran es ihm mangele: an Flächen, an großen Flächen zum Malen. Da könne er helfen, antwortet der Museumsmann, er verfüge über genügend große Flächen: „Kommen Sie in mein Schloss!"

An einem Julitag im Jahr 1946 nimmt Picasso die massiven Bronzeschlüssel zum Château Grimaldi in Empfang. Dor de la Souchère hat große Sperrholzplatten und Zementflächen anfertigen lassen, denn an Leinwand, jetzt in der Nachkriegszeit äußerst rar, ist nicht zu denken. Doch der Maître zeigt sich begeistert, geradezu enthusiastisch, und tanzt vor lauter Lust erst mal einen Fandango. Mit seinem Einzug in Begleitung seiner jungen Lebensgefährtin Françoise Gilot – sie malt ebenfalls – beginnt die kurze, intensive Periode „La joie de vivre", die Zeit der Lebensfreude dieses berühmten und tragischen Paares in Antibes.

Es ist eine höchst produktive künstlerische Phase Picassos, in der – nicht zu vergessen – auch Sohn Claude gezeugt wird. Bis zur Abreise im Dezember 1946 entstehen im Atelier, einem riesigen Saal im ersten Stock des Schlosses, 23 Gemälde, 33 Zeichnungen, elf Ölbilder auf Papier, 27 Lithographien, ein Wandteppich und zwei Plastiken. Eine kaum zu glaubende Vielfalt: Es wimmelt, man kann es durchaus so sagen, von Nymphen, Faunen und Satyrn, und selbst die Frauenakte, Tauben, Eulen und Fische werden inmitten dieser Pastorale im Château Grimaldi in den Bannkreis mediterraner Mythologie gezogen. Picasso verfügt, dass alle seine dort entstandenen Arbeiten im Schloss bleiben sollen: „Wer die Picassos von Antibes sehen will, muss eben nach Antibes kommen."

In Saint-Paul-de-Vence, 20 Kilometer entfernt, lebt die junge Marianne Greenwood im Haus des Dichters André Verdet. Sie wuchs nicht mit mediterranen Sonnenbränden, sondern unter der lappländischen Mittsommernachtssonne auf. Ihr Vater war königlich-schwedischer Forstverwalter jenseits des Polarkreises, und Fröken Marianne sollte später der Sinn auch nach anderen Extremen stehen.

# Antibes, ein Fest fürs Leben

Das Château Grimaldi in Antibes: 1946 Atelier Picassos, seit 1966 Picasso-Museum

Marianne Greenwood von Françoise Gilot für das Buch „Pages d'amour"

Vorerst aber, noch vor dem Zweiten Weltkrieg, reiste das Fräulein mit der Frau Mama, ganz in bildungsbürgerlicher Manier, durch Europa. Später studierte Marianne an einer Kunsthochschule in Stockholm, machte eine Hotelfachausbildung in Lausanne, wurde Fotografin in Paris, befreite sich aus zwei Ehen, aus denen es drei Kinder gibt, und löste gegen ihren letzten Besitz, einen Rubinring, ein Flugticket mit Destination Nizza ein. Irgendwann kam sie nach Saint-Paul-de-Vence, ein mittelalterliches Dorf, das Treffpunkt für Schriftsteller, Maler und Filmemacher war und inzwischen ein überlaufenes Touristenziel ist.

„Eines Tages trat er in mein Zimmer", beschreibt Marianne ihre erste Begegnung mit Picasso, „in Begleitung von Jacques Prévert und dem tauben Keramiker Manfredo Borsi –, der mit dem Monokel im Ohr', wie Picasso es ausdrückte, wegen des Hörapparats an einer Kordel. Mit dabei waren Paul Éluard und seine Frau Dominique, Pablo Neruda mit seiner Frau und Françoise natürlich ... Vor manchen Menschen bleibt man stehen wie vor einer Mauer, durch andere geht man hindurch, als wären sie Luft. Picasso erfüllte gleichsam den ganzen Raum mit seiner Persönlichkeit. Er dirigierte die Konversation wie ein Zirkusdirektor seine Pferde. Er sprach, wie er malte: in klaren, ungemischten Tönen."

André Verdet und Françoise Gilot arbeiten an dem gemeinsamen Buch „Pages d'amour", und für einige Zeichnungen Françoises soll Marianne Modell stehen in der Villa „La Galloise", dem neuen Wohnsitz der Familie Picasso in Vallauris westlich von Antibes. Hier gehört sie über längere Zeit mehrmals in der Woche zum Künstlerhaushalt. Picasso arbeitet mit Enthusiasmus, mit fiebriger Unerschöpflichkeit, manchmal 24 Stunden lang, und in Vallauris beginnt er mit Keramikarbeiten.

Diese Zeit ist ein Fest fürs Leben. Liberté toujours. Galeriebesuche, Vernissagen, Tafelfreuden, Künstlertreffen mit Matisse, Chagall, Miró, Braque, Yves Montand, Cocteau, Prévert, Gérard Lanvin, Fernand Léger, von denen einige Mariannes Freunde auf Lebenszeit werden. Pablo macht gern den Clown, spielt einmal eine von ihm gezeichnete Stierkampfszene nach und ist zum Schluss, zum Jubel der Kinder, Stier, Matador und Publikum in einem. Auch seine Freunde und Rivalen, als die er einige sieht, bezieht er ein, foppt sie, lobt sie, brüskiert sie zuweilen. Chagall, erinnert sich Françoise Gilot, rächt sich mit böser Ironie: „Was für ein Genie, dieser Picasso! Es ist ein Jammer, dass er nicht malt!"

Einmal entzückte Marianne den fast infantil in Maskeraden verliebten Picasso mit einer Verkleidung, die gar keine war. „Ich hatte damals wenig Geld, ging immer barfuß und besaß einen einzigen Rock, einen schwarzen, weiten Zigeunerrock, zu dem ich die abgelegten Hemden meiner Freunde trug, deren Kragen ich abschnitt und die ich ‚Warten auf Dior' nannte. Diesen Aufzug hatte ich mit einer breiten Seidenschärpe und einem Hut komplettiert, den ich in Barcelona geschenkt bekommen hatte. Pablo küsste mir die Hand, machte Komplimente und rief: ‚Wenn ich jetzt ein Porträt von Marianne male, wird man in hundert Jahren glauben, alle Frauen hätten sich heute so angezogen.' "

Zu einem Fiasko droht ein Besuch Charlie Chaplins zu werden. Schon das Essen im Restaurant La Pérouse ist ein wenig peinlich, da sich die beiden Genies in keiner lebenden Sprache verständigen können. Danach präsentiert Picasso

Der Große Saal im Schloss mit „Ulysse et les sirènes“ (1947, rechts)

André Verdet, Picasso mit seiner und Françoise Gilots Tochter Paloma und Marianne Greenwood

im Atelier seine Bilder, wie stets mit sanguinischem Temperament. Chaplin dagegen zeigt sich immer einsilbiger, er hat diesem Energiebündel nichts entgegenzusetzen. Die Atmosphäre wird geradezu unerträglich kühl, als Picasso seinen Gast zur Besichtigung noch anderer Atelierräume bittet. Dazu muss man einen Waschraum mit einem breiten Spiegel passieren. Wie Françoise und Marianne fast übereinstimmend berichten, bleiben die beiden Männer, als hätten sie zugleich dieselbe Intuition gehabt, dort stehen, schauen einander im Spiegel an und fangen wie auf Kommando an zu schauspielern. Picasso gibt einen Charlie, der nicht chaplinesker sein könnte, und Chaplin mimt einen genialen Picasso. Sie seifen sich ein, malen sich Schurrbärte aus Zahnpasta, tanzen und lachen.

„Keiner, der in den magischen Kreis von Picasso geriet, konnte sich seiner ungewöhnlichen und gewaltigen Persönlichkeit entziehen“, schreibt Marianne in ihrem Buch „Resa i min adressbok“ („Reise in meinem Adressbuch“, Rowohlt, 1991). „Seine schwarzen, intensiven und brennenden Augen betrachteten unablässig alles und jeden, nichts schien ihnen zu entgehen. Er nahm alles, was ihm unter die Augen kam, in Besitz; ja, ich wage zu behaupten: Picasso nahm alles, was in seine Reichweite kam, fast mit Gewalt. Wie ein Kannibale aß er einen buchstäblich auf, verspeiste einen mit Haut und Haaren, verdaute und spuckte einen schlaff und ausgelaugt wieder aus, mit dem Gefühl, man besitze sich selbst nicht mehr, nicht einmal seine eigenen Gesichtszüge, sondern sei ein Teil von Picassos Persönlichkeit und Welt geworden. Etwas, das er sich mit selbstverständlichem Recht angeeignet hatte, um es in einem der sichtbaren oder unsichtbaren Fächer seines privaten Archivs abzulegen.“

1952 übergibt Dor de la Souchère den Schlüssel zum Château Grimaldi an Marianne Greenwood. Im Auftrag der Stadt Antibes soll sie die dortigen Picasso-Bilder und Werke anderer Künstler für Bücher, Ausstellungskataloge und Archive fotografieren.

Zwei Jahre später wird Françoise Gilot Picasso verlassen, sie will nicht länger mit einem lebenden Denkmal verheiratet sein, nicht als die Gehilfin des Zauberers in die Geschichte eingehen, sondern als eigenständige Künstlerin, sie hält auch die unberechenbare Art des launischen Egomanen nicht mehr aus. Er reagiert mit Zorn. „Picasso hat in seinem Leben viele Frauen geliebt“, sagt Marianne, „aber er war im Grunde jeder einzelnen treu geblieben. Frauen inspirierten ihn, und jede seiner künstlerischen Perioden war einer Frau gewidmet, die nicht nur ihm, sondern auch dem Publikum gehörte. Ich bin sicher, dass er sie alle sein Leben lang geliebt hat. Er glaubte auch, dass ihn jede trotz der Trennung weiterlieben würde.“

Marianne Greenwood lebt und arbeitet acht Jahre im Schloss, Nachbarn sind nur der Wächter Pellegrieux, seine Frau und eine Katze. In die ersten dem großen Künstler gewidmeten Säle kommen Besucher und manche von ihnen mit der schwedischen Fotografin ins Gespräch. „Was Picasso kann, können meine Kinder auch!“, entfuhr es einer nicht sonderlich beeindruckten Frau. Marianne lacht. Sie hatte eine Antwort parat: „Das ist kein Wunder. Ein Wunder ist, dass Picasso wieder das kann, was Ihre Kinder können.“ Der Meister selbst taucht zuweilen im Château Grimaldi auf. Die Hüterin seiner Kunstwerke erhält von ihm nie einen Centime. Doch –

# Im Atelier tanzen Faune und Nymphen

„Unterhaltung“: Keramikfiguren auf der meerseitigen Brüstung des Schlosses

Marianne sagt es geradezu genießerisch – Pablo habe einige Male für sie gekocht. Hühnchen!

Als Picasso 1961 Jacqueline Roque heiratet, 1966 das Schloss offiziell Picasso-Museum wird, ist Marianne längst auf und davon. In ein Leben, das eine schwedische Zeitung später einmal mit „Schwedens einzige Abenteurerin“ überschreiben wird.

Die hoch gewachsene blonde Frau mit Augen so blau wie die eisigen, transparenten Seen Lapplands (von denen Picasso sagte: „Augen wie ein Adler, wie ein Raubvogel. Sie sieht alles! Und in einem Auge ist ein kleiner goldgelber Fleck, ein Feuerzeichen!“) ist in der Welt unterwegs. Rastlos in den amerikanischen Metropolen, monatelang bei Naturvölkern in der Südsee, in Asien, in Südamerika, in Guatemala und Mexiko. Sie bewegt sich barfuß im Dschungel, segelnd auf Ozeanen und mit Eleganz auf diplomatischen Empfängen und bei Berühmtheiten dieser Welt.

Marianne Greenwood bleibt immer unabhängig. Sie ist frei, weil sie nichts besitzt außer einer Kamera (die sie „meine Komplizin“ nennt) und einer unglaublichen Gabe, Kontakt aufzunehmen und Freundschaft zu schließen. Dadurch meistert sie viele Gefahren. „Ich lebe für den Moment“, sagt die hellwache alte Dame, „jeder Augenblick ist wichtig. Man kann diesen Moment nicht verschwenden, darum führe ich auch kein Tagebuch.“ Doch sie besitzt ein Dutzend Adressbücher und wundert sich, wie sie die durch ein langes turbulentes Menschenleben retten konnte. Was sie mit Picasso teilt, sagt sie heute, ist die Weisheit, dass die größte Kunst die Kunst zu leben sei. Auch dieses Talent dokumentieren Marianne Greenwoods zwei Dutzend Bücher und Fotobände. Ihre 30 000 Bilder hütet das Ethnographische Museum in Stockholm, dort auch ist bis zum 1. Oktober 2006 eine Ausstellung über ihr fotografisches Lebenswerk zu sehen.

Die Entdeckungsreisende, Vagabundin und Weltbürgerin kehrte heim, nicht nach Lappland, sondern nach Antibes. Sie lebt ganz oben in einem der hohen Altstadthäuser. In einem Adlernest mit freiem Blick auf das Meer und auf die Quadertürme des nahen Grimaldi-Schlosses. Hier hatte sich Dor de la Souchère 1946 auf ein kleines Aquarell gefreut, erhalten hat er ein ganzes Kunstmuseum. ☐

**Tibor M. Ridegh,** MERIAN-*Redakteur, kennt* **Marianne Greenwood** *seit 25 Jahren, betreute einige ihrer Texte für die* MERIAN-*Hefte Brasilien, Thailand, Karibik, Schweden und Mexiko. In Schweden und Mexiko waren sie zusammen unterwegs. Das Wiedersehen in Antibes war für beide ein Fest. Marianne Greenwood starb wenige Wochen vor Erscheinen dieser Ausgabe.*

## MERIAN | INFO Kunstmuseen

**ANTIBES**
**Musée Picasso**
Château Grimaldi
Place Mariejol
15. Juni bis 15. Sept.
Di-So 10-18 Uhr
und 16. Sept.-14. Juni
10-12 und 14-18 Uhr
Mi, Fr bis 22 Uhr

**VALLAURIS**
**Musée de la Céramique**
**Musée National Picasso**
**La Guerre et la Paix**
Place de la Libération,
Juni-Aug. Mi-Mo 10-12
und 14-18 Uhr
Sept.- Mai bis 17 Uhr

**VENCE**
**Chapelle du Rosaire (Matisse)**
466, Avenue Matisse
Mo, Mi und Sa 14 bis
17.30 Uhr, Di und Do
10-11.30 Uhr
14.30-17.30 Uhr

**BIOT**
**Musée Fernand-Léger**
Chemin du Val-de-Pomme
www.musee-fernandleger.fr
Juli bis Sept. Mi-Mo
10.30-18 Uhr Okt.-Juni
10-12.30 Uhr
und 14-17.30 Uhr

**CAGNES**
**Domaine Renoir**
Chemin des Colettes
Mai-Sept. Mi-Mo 10-12 Uhr und 14-18 Uhr
im Winter bis 17 Uhr
12. Nov.- 4. Dez. geschl.

**MENTON**
**Musée Jean-Cocteau**
Quai Napoléon-III sur le vieux port, Tel. 04 93 57 72 30
Fr-Mo, Mi 10-12, 14-18 Uhr

**NIZZA**
**Musée Matisse**
164, Av. des Arènes
www.musee-matisse-nice.org
Mi-Mo 10-18 Uhr

**Musée du Message biblique Marc-Chagall**
Avenue du Dr.-Ménard
10-18 Uhr, in der Nebensaison Mi-Mo 10-17 Uhr

**Mamac-Musée d'Art Moderne et d'Art Contemporain**
Promenade des Arts
www.mamac-nice.org
tägl. 10-18 Uhr
Mo sowie 1. Januar,
Ostersonntag und
1. Mai geschlossen

**ST-PAUL-DE-VENCE**
**Fondation Maeght**
auf den Montée des Trious
www.fondation-maeght.com
Juli-Sept. 10-19 Uhr
Okt.-Juni 10-12.30 Uhr
14.30-18 Uhr

# Der Wahnsinnswind

**Tiefblauer Himmel, kristallklare Luft und gnadenloser Sturm: Mistral herrscht in der Provence. Die Menschen werden kirre, die Tiere verdrücken sich und so mancher Fensterladen fliegt davon. Nach drei, sechs oder neun Tagen ist der Spuk vorbei, das Savoir-vivre kehrt zurück**

Text: Erdmann Braschos

Sanft von stetigem Westwind bewegt, murmelt der Golf von Saint-Tropez um den Bug unseres Boots. Die Sonne verabschiedet sich mit farbenfrohem Spektakel hinter der gezackten Kette der Seealpen. Zum Abschluss einer Seereise ankern wir draußen vor dem Vieux Port in Höhe der ockerfarbenen Kuppel der Église Paroissiale. Am nächsten Morgen nach ungewohnt sternenklarer Nacht ein eigenartig gewölbter Himmel mit letzten, ausgefransten Zirren.

Nichts wie weg hier! Höchste Zeit, einen sicheren Platz im brechend vollen Hafen zu finden. Harte Verhandlungen mit dem Capitaine du Port. Wie vor einer Katastrophe ist jeder sich selbst am nächsten. Nein, an der Einfahrt vor dem Hafenbüro werden wir keinesfalls bleiben. Wir erstreiten einen Unterschlupf zwischen großen Yachten, bringen hastig dicke Trossen in die erwartete Windrichtung aus.

Dann fegt der Boss aller mittelmeerischen Stürme mit brutaler Wucht von Grimaud heran. Eine einzige, tagelang anhaltende, gnadenlose Böenwalze. Unser idyllischer Ankerplatz der vergangenen Nacht, der Logenplatz draußen vor dem Lebenskünstlerdorf, ist gischtende, wild schäumende Wasserwüste. Der Mistral zieht dröhnend durch den Mastenwald. Hier sind wir sicher – und haben dennoch Angst. Angst vor der Urgewalt.

In fast jeder Küstenregion der Welt wachsen die Bäume vom Meer abgewandt, weil der Wind von der See kommt. Jetzt verstehen, spüren wir, warum sich im Süden Frankreichs das Gehölz dem Meer entgegenbeugt. Es verneigt sich, duckt sich vor dem Mistral, den die Einheimischen „Maestrale“ nennen, und das bedeutet Herrscher oder Meister. Der Boss der Winde dominiert nicht allein Vegetation und Leben der Provence, sondern bis Korsika und Sardinen, zur afrikanischen Küste, sogar weit in die Straße von Sizilien hinein. Majjistral nennen ihn die Malteser. Wenn er weht, heißt es abwarten, ihn ertragen. Die Bauern der Provence freuen sich, dass ihre alten Häuser mit der schmalen fensterlosen Stirnseite zum Maestrale windschlüpfrig gebaut sind. Den besonders starken Mistral nennen sie Aurasso, den kalten Cisampo.

Mit dem ärgsten aller mediterranen Winde ist nicht zu spaßen. Wie ein ungebetener Gast ist er plötzlich da und bleibt, schlimmer noch, lange. Einer alten, nicht ganz richtigen Bauernregel zufolge weht er drei, sechs oder neun Tage. Er bläst mit unverminderter Kraft bei einem wolkenlos tiefblauen Himmel und ausgezeichneter Sicht. Nachts sieht man die Sterne, wo sonst Dunst und Diesigkeit alles dämmen und dimmen, mit dramatischer Prägnanz funkeln. Der ungebetene Gast macht mürbe, nimmt Kraft und Konzentration. Die Leute sagen, dass sich der Mistral mit einem plötzlichen Gefühl von Niedergeschlagenheit ankündigt. Ist er dann da, beschert er wetterfühligen Zeitgenossen Kopfschmerz und erhöhte Reizbarkeit. Die napoleonische Justiz gestand einem Mörder mildernde Umstände zu, wenn der Mistral drei Tage lang vor der Tat geweht hatte. Das ersparte ihm die Todesstrafe. Wer je eine vom Boss der Winde durchgepustete Ortschaft der Provence mit klappernden Fensterläden erkundete, die Tristesse der leer gefegten Gassen und das Dröhnen des Windes erlebte, versteht diese Regelung. Die Einheimischen nennen ihn auch *vent du fada*, den verrückt machenden Wind. Hundert Tage im Jahr weht er, im Winter und Frühjahr am heftigsten.

Natürlich hat er auch seine guten Seiten. Es gibt Herbstwochen, da erwarten die Winzer ihn sehnsüchtig angesichts einer nassen Weinlese. Wie ein mächtiger Föhn trocknet der Mistral dann Tau und Regentropfen, verhindert Fäulnis und pustet Schädlinge weg. So hat der Mistral schon manchen Weinjahrgang gerettet. Und im Sommer bringt er willkommene Abkühlung. Wie der italienische Tramontana oder die adriatische Bora zählt er zu den katabatischen, aus großen Höhen fallenden Winden. Das senkt die Temperatur im Sommer angenehm um zehn Grad. Er lüftet die Provence, weht die Ausdünstungen des industrialisierten und dicht besiedelten Rhônetals fort. Leider entfacht er manches kleine Feuer des hochsommerlich ausgedörrten Landes zu Waldbränden und treibt gefürchtete Feuerwalzen vor sich her.

Für Friedrich Nietzsche war der Mistral Freund und Weggefährte des anarchisch-wahren Lebens: „Brausender, wie lieb ich dich! Sind wir zwei nicht Eines Schoßes Erstlingsgabe?“, begeisterte er sich im Lied „An den Mistral“ für den ungestümen Gesellen.

Weniger fasziniert sind Bergwanderer und Radler. Sie fluchen, wenn er sich ihnen am Mont Ventoux zusätz-

Wenn der Wind die Wellen geißelt, nehmen nur noch die Surfkönner ihr Brett unter den Arm und wagen sich ins Wasser. Auf dem kahlen Mont Ventoux wurden Mistralgeschwindigkeiten von 320 Stundenkilometern gemessen

lich zur Steigung entgegenstemmt. Bei Mistral macht Ventosus, der Umtoste, seinem Namen alle Ehre. Der Lohn kann jedoch unvergesslich sein: Wer den Weg schafft und vom „Dach der Provence“ noch einen Blick für die Umgebung hat, sieht bis zum fernen Korsika. Im Jahre 1967 wurden auf dem Mont Ventoux Windgeschwindigkeiten von 320 Stundenkilometern gemessen.

So viel Wind brauchen die Segelflieger natürlich nicht. Ein handfester Nordwestwind reicht ihnen im Frühjahr und Herbst. Die Seealpen, speziell die in Ost-West-Richtung verlaufenden Berge beim Durance-Tal, sind ihr Dorado. Die quer und hintereinander zum Wind liegenden Hügelketten schaffen ein Wellensystem, das sich mit zunehmender Höhe und Windgeschwindigkeit aufschaukelt und die Segelflieger in fahrstuhlartigen Aufwinden phantastische Höhen bis 9000 Meter erreichen lässt. Einzig der für den Linienflug reservierte Luftraum limitiert die hier möglichen Höhenflüge.

Segelflieger aus ganz Europa zieht es in die Provence. Sie sind geradezu süchtig nach Wellenflug über den französischen Seealpen und suchen den Mistral im blauen Himmel, wenn er am Boden kaum zu spüren ist. Piloten, die noch nicht oben sind, stolpern als Hans Guckindieluft durch die Wiesen von Fayence und beobachten die bereits gestarteten Kollegen.

Einen ganz anderen Fanclub hat der Mistral an der flachen Rhônemündung, in der Camargue. Der Kanal von Les-Saintes-Maries-de-la-Mer ist seit den achtziger Jahren Rennstrecke für rekordsüchtige Windsurfer. 1993 bretterte der Franzose Thierry Bielak mit 45,34 Knoten (83,97 km/h) auf einem 500 Meter langen Abschnitt der Wasserstraße. Seitdem nehmen hier Spitzensurfer für immer neue Anläufe die Gabelbäume in die Hand. Der Mistral kann ihnen nicht heftig genug wehen. Bei weniger als 8 Beaufort, beginnender Sturmstärke also, verlassen die Athleten erst gar nicht ihr Wohnmobil. Im April 2005 fegte der Ire Finian Maynard bei Wahnsinnswind mit 48,7 Knoten durch die Camargue, 90,2 km/h. So viel Seitenwind hassen die Autofahrer auf der berüchtigten A9 zwischen Orange und Perpignan. Der Mistral zerrt an Wohnmobilen, lässt Busse und Lieferwagen schwanken und hat schon manchen Caravan aufs Kreuz gelegt.

Mit dem Boss der Winde ist nicht zu spaßen. Den Golf von Lion verwandelt er in eine schäumende, tobende, sich überschlagende Flut. Er wühlt das Meer mit kurzen, steil brechenden Wogen auf, macht Schifffahrt und Seglern schwer zu schaffen. Sturmböen von zehn Windstärken sind auch im Sommer üblich. Dann wird der Golf zu einem der gefährlichsten der Meere der Erde.

Immerhin, ganz unerwartet kommt er nicht. Für Mistral gibt es prototypische Voraussetzungen: ein von der Biskaya ankommendes Hoch und ein Tief über dem Golf von Genua. Diese Wetterlage verlangt nach Druckausgleich zwischen Nord und Süd. Dann liegt Mistral in der Luft. Rosafarbener Sonnenuntergang mit Zirruswolken kündigt ihn an. Am nächsten Tag ist er da.

Der Druckausgleich beginnt harmlos. Aus großer Höhe gesehen liegt ein riesiger Violinschlüssel über Zentralfrankreich mit einer im Uhrzeigersinn aus dem Hoch wehenden Brise, beschleunigt zum gefürchteten Wahnsinnswind je nach Lage zwischen den Westalpen und den Tausendern der Monts du Beaujolais, des Vivarais und der Cevennen. Oder er weht westlicher durch das Garonnetal zwischen Massif Central und Pyrenäen und fegt mit ganzer Wucht aufs Mittelmeer hinaus, dem ligurischen Tief entgegen, das er gegen den Uhrzeigersinn füllt.

Doch irgendwann ist der Spuk mal vorbei, verliert die Bö an Kraft. Das Dröhnen im Hafen von Saint-Tropez verliert an Kraft, der Golf beruhigt sich. Der Boss der Winde hat klar gemacht, wer bei allem Savoir-vivre, Lavendelduft und lieblichen Farben das Regiment führt. Die Provence ist gelüftet, geputzt und die allgegenwärtigen Plastiktüten und -flaschen sind egalitär neu verteilt.

Die Fensterläden werden wieder aufgeklappt, die Markisen ausgerollt, Sonnenschirme gerichtet, Stühle und Tische zurechtgerückt. Emsig wird die bourgeoise, geschäftliche Ordnung nach dem Interregnum der Anarchie wiederhergestellt. Wir nehmen draußen in der Sonne Platz und trinken etwas. Welche kostbar friedlichen Stunden nach einem entsetzlichen, laut ausgetragenen Streit. Der Kopf wird klar. Die Atmosphäre entspannt sich. Wir sind es auch und sehen die Welt im Süden Frankreichs neu. □

**Erdmann Braschos,** *Journalist in Hamburg, ist Spezialist fürs Maritime.*

Die Lust am Reisen

# MERIAN

ZUM ABONNIEREN

MERIAN ABONNEMENT

## Lust auf ein **MERIAN Abonnement**

Abonnieren Sie MERIAN jetzt, und Sie erhalten 12 Ausgaben im Jahr für 76,40 Euro (Auslandspreise auf Anfrage) statt 90,00 Euro bei Einzelkauf. Nutzen Sie den Preisvorteil von 15 % und sichern Sie sich Ihr Dankeschön: Wahlweise das Buch „Reisebilder", Erinnerungen an Marion Gräfin Dönhoff von ihrem Großneffen Friedrich Dönhoff, den MERIAN Trolley, zwei große MERIAN Badetücher oder die SZ Klassik Edition (Zuzahlung 19,90 Euro). Für Ihre Bestellung eines MERIAN Abonnements verwenden Sie bitte die Postkarte auf Seite 99.

PRÄMIE 1

PRÄMIE 2 (+ 19,90 EURO ZUZAHLUNG)

Süddeutsche Zeitung | Mediathek

PRÄMIE 3

PRÄMIE 4

SAMMELSCHUBER

## **MERIAN** Archiv!

Archivieren Sie Ihre MERIAN Sammlung stilvoll und sicher in den exklusiven MERIAN Sammelschubern aus Leder, Leinen oder Acryl. Jeder Schuber bietet Platz für ca. 12 MERIAN Ausgaben. Preise: Acryl 19,90 Euro. Leinen 12,90 Euro, Leder 24,90 Euro.

**Kennwort: Schuber Acryl / Schuber Leinen / Schuber Leder**

**Unser Dankeschön für Ihr Interesse: das große „MERIAN extra Deutschland"**

MERIAN MINI-ABO

## **MERIAN** zum Probieren

Probieren Sie MERIAN aus und erhalten Sie die nächsten 3 Ausgaben frei Haus innerhalb Deutschlands zum Preis von nur 19,10 Euro statt 22,50 Euro bei Einzelkauf. Nutzen Sie den Preisvorteil von ca. 15 % und sichern Sie sich zusätzlich Ihr Dankeschön: das „MERIAN extra Deutschland". Alle 16 Bundesländer werden ausführlich mit ihren landschaftlichen und kulturellen Besonderheiten vorgestellt. Mit regionalem Kartenteil, großer Deutschlandkarte zum Herausnehmen und Satellitenaufnahme. Für Ihre Bestellung dieses MERIAN Mini-Abos verwenden Sie bitte die Postkarte auf Seite 99.

Nutzen Sie auch den bequemen **BESTELLSERVICE** unter Telefon **0 40/87 97 35 80** oder **www.merian.de/shop**

Die Lust am Reisen
# MERIAN
PREMIUM SHOP

# 50 große Romane des 20. Jahrhunderts

Die Bibliothek der Süddeutschen Zeitung: Alle 50 Bände im Gesamtpaket. 50 große Romane des 20. Jahrhunderts, ausgewählt und zusammengestellt von der Feuilletonredaktion der renommierten Süddeutschen Zeitung. 50 exklusiv herausgegebene und gestaltete Hardcover-Ausgaben im Schutzumschlag zu einem unschlagbaren Preis.

Zum
**Sonderpreis**
**Gesamt-Edition**
für nur
**196 Euro**

## Süddeutsche Zeitung | Bibliothek im Gesamtpaket

Sichern Sie sich jetzt alle 50 Bände der begehrten und bereits an vielen Stellen ausverkauften SZ-Bibliothek im Gesamtpaket. Genießen Sie 50 große Romane und Klassiker des 20. Jahrhunderts – von Milan Kunderas genialem Roman „Die unerträglichen Leichtigkeit des Seins“ über William Faulkners „Die Freistatt“ bis Italo Calvinos „Wenn ein Reisender in einer Winternacht“! Alle Romane wurden ausgewählt von der SZ-Redaktion und zusammengefasst in dieser einzigartigen Edition. Ergreifen Sie diese letzte Gelegenheit und bestellen Sie die gesamte Edition zum Sonderpreis von 196 Euro.

**Kennwort: SZ-Bibliothek**

**„Ein Leser hat's gut: Er kann sich seine Schriftsteller aussuchen.“**
**Kurt Tucholsky**

Nutzen Sie auch den bequemen **BESTELLSERVICE** unter Telefon **040/87973580** oder **www.merian.de/shop**

- [ ] Ich abonniere MERIAN im Jahres-Abonnement für mich selbst.
- [ ] Ich bestelle das Mini-Abonnement von MERIAN für mich selbst.[1)]
- [ ] Ich möchte ein MERIAN Jahres-Abonnement verschenken.

Name / Vorname des Beschenkten

Straße / Haus-Nr. / PLZ / Ort

Tel.-Nr. / E-Mail

**Die Rechnung und das umseitig jeweilige Dankeschön gehen an:** (Adresse bitte unten eintragen). Der Jahres-Abo-Preis für 12 Ausgaben MERIAN beträgt 76,40 Euro frei Haus (innerhalb Deutschlands; Auslandspreise auf Anfrage).

Name / Vorname des Bestellers

Straße / Haus-Nr. / PLZ / Ort

Tel.-Nr. / E-Mail

Gewünschte Zahlungsweise bitte ankreuzen:

- [ ] **Gegen Rechnung** (Bitte keine Vorauszahlung leisten)
- [ ] **Bankeinzug** (Bequem und bargeldlos)

Bankleitzahl Kontonummer

Geldinstitut

**Vertrauensgarantie:** Die Bestellung wird erst wirksam, wenn sie nicht binnen zwei Wochen schriftlich beim MERIAN Leserservice, Postfach 60 12 20, 22212 Hamburg, widerrufen wird. Zur Wahrung der Frist genügt die rechtzeitige Absendung des Widerrufs. Dieses Angebot gilt nur in der Bundesrepublik Deutschland und solange der Vorrat reicht. Das Dankeschön darf ich auch bei Widerruf behalten.
1) Wenn ich nicht innerhalb von 2 Wochen nach Erhalt der 2. Ausgabe des Mini-Abonnements schriftlich beim Leserservice absage, beliefern Sie mich bitte im Jahres-Abonnement (12 Hefte zum Vorzugspreis von 76,40 Euro).
Die Kenntnisnahme dieser Hinweise bestätige ich durch meine Unterschrift:

Datum / Unterschrift ME 04/06 23839/ 23843/ 23844

## Ich wünsche mir folgendes Dankeschön:

**Für das Jahres-Abonnement oder das Jahres-Abonnement als Geschenk**

- [ ] das Buch „Reisebilder" von Friedrich Dönhoff
- [ ] den MERIAN Trolley
- [ ] zwei große MERIAN Badetücher
- [ ] die SZ Klassik Edition (Zuzahlung 19,90 Euro)

**Für das Mini-Abonnement**

- [ ] das MERIAN extra Deutschland

**Unser Dankeschön für Ihr Interesse am Mini-Abo:**
MERIAN extra Deutschland

## Ein MERIAN Abonnement bietet Vorteile:

**1. 15% Preisvorteil**
Sie erhalten 12 Ausgaben zum Vorzugspreis von 76,40 Euro statt 90,00 Euro.

**2. Service**
Sie erhalten jede MERIAN-Ausgabe pünktlich frei Haus. Porto und Verpackung zahlen wir für Sie.

**3. Vertrauensgarantie**
Eine Bestellung wird erst dann wirksam, wenn sie nicht binnen 14 Tagen schriftlich beim MERIAN-Leserservice, Postfach 60 12 20, 22212 Hamburg, widerrufen wird. Zur Wahrung der Frist genügt die rechtzeitige Absendung des Widerrufs.

**4. Geld-zurück-Garantie**
Sie können Ihr Abonnement jederzeit kündigen und erhalten für gezahlte und noch nicht gelieferte Hefte natürlich Ihr Geld zurück.

**Bestellen Sie einfach und bequem per**

MERIAN-Leserservice
Postfach 60 12 20
22212 Hamburg

040 / 87 97 35 40

040 / 27 17 20 79

**www.merian.de**

Die Lust am Reisen

# MERIAN

## GUTSCHEIN

### Lust auf Reisen?

MERIAN präsentiert zwölfmal jährlich ein lebensnahes und facettenreiches Porträt einer Stadt, einer Region oder eines Landes auf höchstem Niveau. Mit dem monatlich erscheinenden Magazin MERIAN erleben Sie einzigartige Bilder und packende Reportagen.

Das ist ein Geschenk für:

____________________

Die nächsten 12 Ausgaben sind ein Geschenk von:

____________________

Die Lieferung beginnt, sobald die oben stehende Abo-Postkarte ausgefüllt an den MERIAN Leserservice, Postfach 60 12 20, 22212 Hamburg eingegangen ist.

**Ich möchte bestellen.**
**Bitte liefern Sie die Produkte an folgende Adresse:**

Name / Vorname des Bestellers

Straße / Haus-Nr.

PLZ / Ort

Tel.-Nr. / E-Mail

Datum / Unterschrift ME 04/06

**Rechnung abwarten – bitte keine Vorauszahlung leisten.**
Die Lieferung erfolgt, innerhalb Deutschlands, porto- und versandkostenfrei. Auslandslieferungen auf Anfrage.

- [ ] **Mit der Zusendung von Informationsmaterial bin ich einverstanden.**
- [ ] **Ich habe den Bestellwert von 25,– Euro erreicht und erhalte „Best of MERIAN" als Dankeschön dazu.**

**Ein Sammlerstück, das man nicht kaufen kann! „Best of MERIAN" Ab einem Bestellwert von 25,00 Euro erhalten Sie das „Heft der Hefte" kostenlos.**

**Bitte tragen Sie hier die Kennwörter, Anzahl und Preise ein:**

| Kennwort | Anzahl | Einzelpreis (Euro) | Gesamtpreis (Euro) |
|---|---|---|---|
| | | | |

Summe

**Online geht die Reise los.**

**www.merian.de**
Tausende von Reisezielen, Eventkalender, Reportagen, Tipps & Empfehlungen und weitere exklusive Angebote im MERIAN Premium Shop

Der Mond geht auf über Marseille, die Boote im Alten Hafen sind vertäut und „la Bonne Mère" Notre-Dame-de-la-Garde schaut wohlmeinend vom Kirchhügel herab

M

Einst war das „Tor zum Orient" eine der reichsten Städte der Welt. Dann ruinierten Mord und Mafia den Ruf des großen Hafens. Jetzt soll Marseille in einem neuen Licht erstrahlen. Etwa im Viertel Le Panier Text: Christian Eder

# arseille wirft sich in Schale

Großstadt am Strand: La Plage des Catalans liegt nahe am Alten Hafen. Der feine Sand verlockt zum Beachball in der Mittagspause

Die Rue de la République wird umgebuddelt. Doch die Häuser an der Passage de Lorette hinauf zum Viertel Le Panier müssen noch auf bessere Zeiten warten

# Nach dem Absturz
## ein Neustart zur Lebensfreude

Der Marseillais verherrlicht Schalentiere. Nur in der Bouillabaisse verschmäht er sie

Rue des Pistoles. Eine kleine Straße inmitten der engen Altstadt von Marseille. Vor einem Jahrzehnt wurde aus der Rue des Pistoles offiziell die Place des Pistoles: Eine Häuserzeile mit renovierungsreifen Wohnungen musste weichen und machte aus der düsteren Gasse eine Lichtung im Straßengewirr des Panier-Viertels. Nur das alte Schild ist geblieben.

Ausgestorben liegt der Platz heute im Sonnenlicht. Nur wenige Menschen sind unterwegs, ein paar Einheimische mit Einkaufstaschen und eine japanische Reisegruppe, die nach einem Besuch der Vieille Charité auf dem schnellsten Weg hinunter zum Alten Hafen eilt. Die Rue des Pistoles wird keines Blickes gewürdigt.

Das hat sie nicht verdient, die kleine Straße im Panier. Mit ihr beginnt „Total Cheops“, der erste Roman der Marseille-Trilogie des Schriftstellers Jean-Claude Izzo. Dessen Hauptfigur, der verkrachte, aber integre Polizeibeamte Fabio Montale, ist im Panier aufgewachsen. Und durch ihn ist das Panier 1995 zu literarischem Ruhm gelangt.

Das Quartier auf dem Hügel im Norden des Vieux-Port ist ein Dorf in der Stadt, abgeschirmt gegen das umtriebige Stadtzentrum durch eine Hand voll steiler Gassen, die man nur zu Fuß erklimmen kann: über die Passage de Lorette, La Montée des Accoules oder L'escalier Sadi-Carnot. Die Grenzen sind klar abgesteckt gegenüber den breiten Prachtstraßen und Boulevards von Marseille, den Geschäften internationaler Modeketten und den Bouillabaisse-Restaurants.

Das Panier ist in manchen Ecken noch heute ein Refugium, in dem die Einwanderer aus Palermo oder Sevilla ihren Lebensstil beibehalten haben: Die Wäsche hängt quer über die schmalen Gassen, am Abend treffen sich die Jugendlichen zum Fußballspielen und die Alten zum Plaudern auf einem der kleinen Plätze.

Bei Izzo ist das Viertel Schauplatz von Liebesaffären und Morden. Die Kriminalromane des im Jahr 2000 verstorbenen früheren Journalisten – „Total Cheops“, „Chourmo“ und „Solea“ – haben kein Bilderbuch-Marseille zum Thema. Es geht darin um die Wirklichkeit einer französischen Großstadt, die sozialen Probleme der Vorstädte und die wirtschaftlichen Schwierigkeiten eines an Bedeutung verlierenden Mittelmeerhafens. Sie beschreiben aber auch die versteckten Schönheiten

1943 von Deutschen teilweise niedergebrannt und dann vergammelt: das Viertel Le Panier. Nun ist es Flanierbuckel geworden

In seiner Marseille-Trilogie hat Jean-Claude Izzo der „Bar des Treize Coins“ Kultstatus verliehen

# Charme-Offensive
## im alten Viertel Le Panier

der Stadt am Meer, die Vielfalt ihrer Kulturen, die Restaurants und die Bars. Kurzum: Eine Pflichtlektüre für Marseille-Besucher!

Alain Delon und Richard Bohringer schlüpften für Kino und Fernsehen schon in die Rolle des Izzo-Polizisten. „Richard Bohringer ist der bessere Montale“, ist Serge Moutalier überzeugt. „Er entspricht eher dem Typ aus dem Roman als der alte Delon“, meint der junge Keramikkünstler, während ich mir seine Arbeiten ansehe: farbenfrohe Kreationen, inspiriert von orientalischem Einfallsreichtum. Serge hat erst vor kurzem sein Atelier gleich neben der Place des Pistoles eröffnet. Das Handwerk hat er bei seinem Nachbarn gelernt: bei Jean-Marc Saman, dem Meister der Azulejos. Auch Saman zeigt seine kunstvollen Schmuckfliesen und anderen Designstücke gern den Besuchern seines kleinen Ladens. Ohne Erklärungen – Jean-Marc Saman ist stumm –, die Schönheit seiner Arbeiten erschließt sich auch ohne Erklärungen.

Jean-Marc und Serge sind nicht die Einzigen: Ein gutes Dutzend Handwerker hat sich in den kleinen Häusern des Panier niedergelassen: neben Keramikern auch Seifenhersteller, Chocolatiers oder Santoniers, die Schöpfer der bunten Figuren für die provenzalischen Weihnachtskrippen. Mit ihnen kamen auch diejenigen, die sich eine Wohnung für 3000 Euro pro Quadratmeter im Panier leisten konnten: Denn heute ist es Mode, im Panier zu wohnen. Noch vor 30 Jahren war das anders: Da war das Viertel erste Anlaufstelle für arme Zuwanderer aus dem ganzen Mittelmeerraum.

Lange vorher waren allerdings schon die Griechen da: Sie gründeten um 600 vor Christus auf dem Hügel nördlich einer geschützten Bucht ihre Kolonie Massalia, brachten von dort den Wein und ihre Kultur nach Frankreich. Als sich Marseille ausdehnte, wurde aus der einstigen griechischen Kolonie das Quartier Panier, die Altstadt von Marseille, das Viertel der Seeleute und Hafenarbeiter, der leichten Mädchen und der Kleinkriminellen. 1944 ließen die deutschen Besatzer die heruntergekommen Häuser dieses Stadtteils teilweise niederbrennen, nachdem sie die Bewohner vertrieben hatten.

Aber das Panier hat auch das überlebt und seinen Charakter bewahrt. Und seine Sehenswürdigkeiten, wie

**Vor 2600 Jahren kamen** die Griechen und gründeten *Massalia.* Danach kreuzten Menschen aus allen Himmelsrichtungen hier auf. Die älteste und zweitgrößte Stadt Frankreichs (800 000 Einwohner) besteht aus mehr als 100 Vierteln. Der Hafen, der einmal der wichtigste Europas war, ist nicht mehr Gateway in die Stadt, sondern der Bahnhof Saint-Charles, Ziel der TGV-Züge aus dem Norden. Von dort geht es eine pompöse Treppe über mehr als 100 Stufen hinunter, der Blick auf die theatralisch angelegte Stadt ist famos: links die neobyzantinische **Notre-Dame-de-la-Garde 1** auf dem Felsen. Geradeaus das schmale Hufeisen des Vieux Port, in dem man vor lauter Yachten kaum das Wasser sieht; am Hafeneingang die **Forts Saint-Jean 2** und **Saint-Nicolas 3**. Dahinter **Château d'If 4**, wo Alexandre Dumas seinen Grafen von Monte Christo einsitzen ließ. Rechts das Viertel **Le Panier 5**, das sich vom Schmuddelbuckel zum Flanierhügel gewandelt hat. Die **Cathédrale la Major 6**, romano-byzantinisch, 19. Jh., nannte Walter Benjamin einen „Religionsbahnhof". **La Canebière 7**: Hauptschlagader, Amüsiermeile, angeschwärzter Prunk des 19. Jhs. **Cité Radieuse 8**, von Le Corbusier vor mehr als 50 Jahren erbaut. Der Wohnmaschine mit Schwimmbad auf dem Dach sagte man Verelendung voraus, doch der Wohnwert steigt.

Das **Musée d'Histoire de Marseille 9** ist attraktiv für Stadthistoriker **(Centre Bourse, Tel. 04 91 90 42 22, Mo-Sa 12-19 Uhr, So geschl., 2 €)**. Die **Kapelle des Centre de la Vieille-Charité 10** beherbergt das Musée d'Arts africains, océaniens et amérindiens.

## SPEZIALITÄTEN

**La Boutique de la Compagnie de Provence-Marseille 11** **(1, Rue Caisserie)**; **Place aux Huiles 12** **(2, Place Daviel)**; **Les Comptoirs de Provence 13** (40, Rue Francis-Davso); **Le Four des navettes 14** (136, Rue Sainte, älteste Bäckerei der Stadt); Extra-Tipp: **L'OM Café 15** (25, Quai des Belges), Treff der Fußballfans von Olympique Marseille.

## ADRESSEN IM PANIER

Das beste Restaurant im Panier ist ohne Zweifel die Pizzaria **Chez Etienne 16**. Die Sitzplätze in dem engen kleinen Lokal werden vom 80-jährigen Patron Stéphan Cassaro nach Lust und Laune verteilt **(Rue Lorette 43, Sa. u. So. geschl.)**. Keramik (u. a. dekorative Wandfliesen) findet man bei **Jean-Marc Salman 17** **(1a, Rue du Petits Puits Tel. 04 91 90 30 72)**; **Serge Moutarlier 17** (vom Orient inspirierte Dekorgegenstände, **(3a, Rue du Petit-Puits, Tel. 04 91 90 68 32)**; oder **Annie Combe 18** (Fayencen, **40, Rue Sainte-Françoise Tel. 04 91 90 89 26)**. Freunde süßer Köstlichkeiten lassen sich verführen von der **La Chocolatière du Panier 18** **(4, Place des Treize-Cantons Tel. 04 91 91 67 66)**

## INFO

**Office de Tourisme**
**4, Rue La Canebière**
**Tel. 04 91 13 89 00**
**accueil@marseille-tourisme.com**

## LESETIPP:

Jean-Claude Izzo beschrieb die Stadt in seiner „Marseille-Trilogie" („Total Cheops", „Chourmo" und „Solea"). „Aldebaran" und „Die Sonne der Sterbenden" sowie „Izzos Marseille" und „Leben macht müde" widmen sich ebenfalls seiner Heimatstadt. Alle Bücher im Unions-Verlag.

**Weitblick von Notre-Dame-de-la-Garde über Stadt und Reede**

Ganz schnell vorbei oder – viel besser – rein in den kleinen Tempel der süßen Versuchung

Früher flog Müll aus den Fenstern, jetzt wird das Viertel Le Panier zur beliebten Wohnadresse

die Vieille Charité, das ehemalige Armenhaus der Stadt, ein zu einem Kunst- und Kulturzentrum umgebauter Renaissancebau des Architekten Pierre Puget.

Huren und Gangster sieht man heute nicht mehr. Das Viertel – so der Wunsch der Stadtregierung – soll ein Vorzeigestück des neuen Marseille werden, eines vitalen Handels- und Wirtschaftszentrums im Süden Frankreichs, in dessen Hafen die großen Kreuzfahrtschiffe auf ihren Touren durch das Mittelmeer gern Halt machen.

„Kleinkriminelle und Drogen werden gerade eben noch in den Außenbezirken geduldet", erklärt mir ein bärtiger Seemann im Hafen. Philippe Derain ist Besitzer eines Dreimasters, der „Don Du Vent", mit der er sich seinen Lebensunterhalt verdient. Er schippert Reisegruppen durch das Mittelmeer. Nebenbei investierte Philippe aber auch im neuen Panier: Er hat eine alte Windmühle an der Place des Moulins gekauft, dem höchsten Punkt des Viertels. Die Mühle will er in ein Chambre d'hôte mit luxuriösen Gästeappartements umbauen. In der Kajüte der „Don du Vent" im Alten Hafen zeigt er mir die Pläne. „Ich glaube an die Zukunft des Panier", sagt Philippe, „es liegt ideal, nur ein paar Schritte vom Alten Hafen und seinen Restaurants und den Geschäften der Canebière, der einstigen Prachtstraße, entfernt."

Aber noch holpert der Karren, muss auch Philippe Derain zugeben: Einige Handwerker im Panier haben ihre Läden schon wieder geschlossen, und auch die Touristen lassen auf sich warten. Einer der Gründe ist, dass es zu wenige Gästezimmer der gehobenen Klasse in Marseille gibt. Ein anderer, dass die Tagesbesucher der Kreuzfahrtschiffe das Panier noch nicht zu den Fixpunkten eines Marseille-Besuches zählen.

Das soll sich bald ändern – dank Jean-Claude Izzo und Fabio Montale: Das Tourismusbüro von Marseille will eine spezielle Tour organisieren: Stadtwanderungen auf den Spuren von Izzo und seinen Geschichten. Denn vieles ist heute noch so, wie es der Autor vor zehn Jahren in seinen Romanen beschrieben hat: Die „Bar des Treize Coins" gleich hinter dem Polizeikommissariat ist so schmuddelig wie eh und je, der Pastis aber immer noch köstlich.

Und im „Chez Etienne", der Pizzaria (mit *a*), könnte auch Fabio Montale neben uns an einem der Tische sitzen und gerade seine Anchovis-Pizza genießen. Mit Müh und Not haben wir zu Mittag noch einen Sitzplatz ergattert, an einem Tisch mit zwei eleganten älteren Damen aus dem Panier. Einmal in der Woche speisen sie bei Etienne, „dem besten Lokal des Viertels", wie meine blonde Nachbarin schwärmt. Bei Supions frits und Cassis kommen wir ins Gespräch über die Politik der Stadtverwaltung und die sozialen Probleme in den Vorstädten. Aber auch über die Schönheiten der Calanques, der Felsbuchten an der Küste, die Strände und die Straßen von Marseille. Und natürlich über das Panier und seine Zukunft. Denn eines ist sicher: Ob die Pläne der Stadtväter und der Tourismusmanager aufgehen, wegziehen will keine der beiden Damen. Selbst wenn eines Tages Touristenschwärme durch die schmalen Straßen fliegen. □

**Christian Eder,** *Journalist im Salzburger Land, ist auch in Südfrankreich wie zu Hause.*

Steffen Lipp fotografierte dieses Lavendelfeld kurz vor der Ernte auf dem Plateau de Valensole

## Bildnachweis

Anordnung im Layout: o = oben, u = unten, r = rechts l = links, m = Mitte.
Titel: Steffen Lipp; S. 3 lo Michael Müller, m Tobias Gerber, u Heiner Müller-Elsner/ GEO; S. 4/5 Walter Schmitz, S. 4 m Tobias Gerber, S. 5 ro Wilfried Bauer, lm Marianne Greenwood, rm Christina Anzenberger-Fink/Anzenberger, lu Gunnar Knechtel/laif; S. 6 o picture-alliance/ dpa/dpaweb, m Christina Anzenberger-Fink/ Anzenberger, u Gérard Sioen/Anzenberger; S. 8 ro Ilico/Wallis.fr, rm Camille Moirenc, l (4 Fotos) Patrick Valasseris/Andia/Studio X; S. 10 o (4 Fotos) Sabine Bungert, u Gérard Sioen/ Anzenberger; S. 14/15, 16/17, 20/21, 24/25, 28/29 Walter Schmitz; S. 18 Gérard Sioen/ Anzenberger, S. 19 Camille Moirenc; S. 22/23 Patrick Loertscher; S. 26 Steffen Lipp; S. 30/31, 32, 35, 36 Arthur F. Selbach, S. 33 l Christina Anzenberger- Fink/Anzenberger, S. 33 r, S. 34 Sabine Bungert/laif; S. 40/41 bis 51 Tobias Gerber; S. 52 o Archives Municipales Avignon, u Guido Alberto Rossi/Tips/Focus; S. 53 Gourmet-PictureGuide; S. 54/55 bis 58 Gérard Uferas/ Rapho/laif; S. 62 Evelyn Rois & Bruno Stubenrauch, S. 63, 66 (3 Fotos) Steffen Lipp; S. 64 l Hartmut Krinitz/laif, r Gunnar Knechtel/laif; S. 69 l Marco Okhuizen/Hollandse Hoogte/laif, r Galimard; S. 70/71, 72/73, 74 Walter Schmitz, S. 72 Gunnar Knechtel/laif; S. 76/77 bis S. 84 Wilfried Bauer; S. 86 ro Deutsches Literatur Archiv, Marbach, m Walter Schmitz; S. 88 Tibor Ridegh, S. 89, 90 r, 91, 92 Marianne Greenwood, S. 90 r Zeichnung von Françoise Gilot, entnommen dem Buch „Resa in min adressbok" von Marianne Greenwood, erschienen im Bokförlaget Trevi AB, Stockholm; S. 90 l Anne Neumann/laif; S. 91 l, 92 VG-Bild-kunst, Bonn 2006; S. 95 l Walter Schmitz, r Steffen Lipp; S. 100/101 Michael Lange/laif, S. 102/103 Gunnar Knechtel/laif; S. 104 l Tophoven/laif, r, 105 Gunnar Knechtel/laif, S. 106 Michael Lange/laif, S. 107 l Gunnar Knechtel/laif, r Tophoven/laif; S. 109 Walter Schmitz; S. 110/111 Tobias Gerber, S. 111 GourmetPictureGuide; S. 112, 113 Walter Schmitz; S. 114 Jean-Claude Golvin/Edition Errance, Paris; S. 116 lm Deidi von Schaewen/ Gärten in der Provence und an der Cote d'Azur/ 1998 Benedikt Taschen Verlag GmbH, Stuttgart; 116 ro Walter Schmitz; S. 118 lo BRIDGEMAN-ART.COM, ru Krinitz/laif, S. 119 lo, rm Arthur F. Selbach; S. 120 u Christine Anzenberger-Fink/ Anzenberger, ro Veran/wallis.fr; S. 122 Owen Franken 122/123 GourmetPictureGuide, 123 ru Domaine de la Citadelle, Mènerbes; S. 124 o Walter Schmitz, S. 125 GourmetPictureGuide; S. 126 lu Tobias Gerber, ro Joerg Lehmann /Jah-reszeitenverlag; S. 127 u GourmetPictureGuide; S. 128 lm Krinitz/laif, ro GourmetPictureGuide; S. 130 Norbert Kustos; S. 134 u Franz Marc Frei; S. 135 Planetobserver.com M-sat; S. 136 Fran-ceschi/wallis, S. 137 Christian Heeb/laif; S. 138 o picture-alliance/dpa, rm, lm Walter Schmitz


# MERIAN

Heft 4/2006, April, Erstverkaufstag dieser Ausgabe ist der 23. 03. 2006
**MERIAN erscheint monatlich** im Jahreszeiten Verlag GmbH, Poßmoorweg 5, 22301 Hamburg
Tel. 040/27 17-2600, Fax 040/27 17-2628 **Anschrift der Redaktion:** Poßmoorweg 2, 22301 Hamburg
Postfach 130444, 20139 Hamburg, E-Mail: Redaktion@Merian.de, Tel. 040/27 17-0
**Website:** www.merian.de **Leserservice:** Postfach 601220, 22212 Hamburg
Tel. 040/87 97 35 40, Fax 040/27 17-20 79 **Syndication:** www.jalag-syndication.de
GourmetPictureGuide: Stefanie Lüken, Tel. 040/271 720 02, Fax 040/27 17 20 89, www.gourmetpictureguide.de

**Herausgeber:** Manfred Bissinger
**Chefredakteur:** Andreas Hallaschka
**Art Directorin:** Sabine Lehmann **Chef vom Dienst:** Tibor M. Ridegh
**Redakteure:** Roland Benn (freie Mitarbeit), Thorsten Kolle (freie Mitarbeit), Kathrin Sander, Charlotte von Saurma
**Schlussredaktion:** Tibor M. Ridegh, Jasmin Wolf (stv.)
**Layout:** Cornelia Böhling, Ingrid Koltermann, Dorothee Schweizer (stellv. Art Directorin)
**Bildredaktion:** Hanni Rapp, Eva M. Ohms, Lars Lindemann (freie Mitarbeit)
**Bildredakteurin dieses Heftes:** Eva Ohms **Kartographie:** Peter Münch
**Dokumentation:** Jasmin Wolf, Sebastian Schulin (freie Mitarbeit)
**Mitarbeit:** Jan Biener, Helmut Golinger, Annett Rensing
**Herstellung:** Karin Harder **Redaktionsassistenz:** Sabine Birnbach, Katrin Eggers
**Geschäftsführung Premium Magazine:** Peter Rensmann **Verlagsleitung Premium Magazine:** Oliver Voß
**Group Head Anzeigen Premium Magazine:** Roberto Sprengel **Anzeigenleitung:** Christel Janßen
**Anzeigenstruktur:** Patricia Hoffnauer **Marketing:** Kenny Machaczek, Ulrich Rieger, Sonja Wünkhaus
**Vertriebsleitung:** Jörg-Michael Westerkamp (Zeitschriftenhandel), Uwe Distelrath (Buchhandel)
**Verantwortlich für den redaktionellen Inhalt:** Andreas Hallaschka
**Verantwortlich für Anzeigen:** Roberto Sprengel
**Verlagsbüros Inland:**
Hamburg: Tel. 040/27 17-25 95, Fax -25 20, E-Mail: vb-hamburg@jalag.de
Berlin: Tel. 030/80 96 23-60, Fax -70, E-Mail: vb-berlin@jalag.de
Hannover: Tel. 0511/85 61 42-0, Fax -19, E-Mail: vb-hannover@jalag.de
Düsseldorf: Tel. 0211/901 90-0, Fax -19, E-Mail: vb-duesseldorf@jalag.de
Frankfurt: Tel. 069/97 06 11-0, Fax -44, E-Mail: vb-frankfurt@jalag.de
Stuttgart: Tel. 0711/966 66-520, Fax -22, E-Mail: vb-stuttgart@jalag.de
München: Tel. 089/99 73 89-30, Fax -44, E-Mail: vb-muenchen@jalag.de

**Repräsentanzen Ausland:**
Basel: Intermag AG, Tel. +4161/275 46-09, Fax -10, E-Mail: info@intermag.ch
London: The Powers Turner Group, Tel. +44 20/7630 99 66 Fax 76 30 99 22, E-Mail: cweiss@publicitas.com
Mailand: Media & Service International Srl, Tel. +39 02/48 00 61 93, Fax 48 19 32 74, E-Mail: info@it-mediaservice.com
Paris: International Magazine Company, Tel. +331/53 64 88 91, Fax 45 00 25 81, E-Mail: imc@international.fr
Madrid: Alcála Media International Media Representation, Tel. +34 91/326 91 06, Fax -07, E-Mail: alcalamedia@retemail.es
Wien: Publimedia Internationale Verlagsvertretungen GmbH, Tel. +43 1/21530, Fax 2121602,
E-Mail: ppn-vienna@publicitas.com
New York: The Russell Group Ltd., Tel. +12 12/213 11-55, Fax -60, E-Mail: info@russellgroupltd.com

Die Premium Magazin Gruppe im Jahreszeiten Verlag

A&W Architektur & Wohnen COUNTRY DER FEINSCHMECKER WEIN Gourmet MERIAN

Gültige Anzeigenpreisliste: Nr. 38
Das vorliegende Heft April 2006 ist die 4. Nummer des 59. Jahrgangs. Diese Zeitschrift und die einzelnen Beiträge und Abbildungen sind urheberrechtlich geschützt. Jede Verwertung außerhalb der engen Grenzen des Urheberrechtsgesetzes bedarf der Zustimmung des Verlages. Keine Haftung für unverlangt eingesandte Manuskripte und Fotos. Preis im Abonnement im Inland monatlich 6,37 € inklusive Zustellung frei Haus. Der Bezugspreis enthält 7 % Mehrwertsteuer. Auslandspreise auf Nachfrage. Postgirokonto Hamburg 132 58 42 01 (BLZ 200 100 20) Commerzbank AG, Hamburg, Konto-Nr. 611657800 (BLZ 200 400 00) Führen in Lesemappen nur mit Genehmigung des Verlages. Printed in Germany

Weitere Titel im Jahreszeiten Verlag: Für Sie, petra, vital, PRINZ, A&W Architektur & Wohnen, COUNTRY, DER FEINSCHMECKER, WEINGourmet, schöner reisen, ZUHAUSE WOHNEN, selber machen
Litho: Alphabeta Druckformdienst GmbH, Hamburg. Druck und Verarbeitung: heckel GmbH, Nürnberg,
ISBN: 3-8342-0604-0, ISSN 0026-0029 MERIAN (USPS No. 011-458) is published monthly. The subscription price for the USA is $ 110 per annum. K.O.P.: German Language Publications, Inc., 153 South Dean Street, Englewood NJ 07631. Periodicals postage is paid at Englewood NJ 07631, and at additional mailing offices. Postmaster: send address changes to: MERIAN, German Language Publications, Inc. 153 South Dean Street, Englewood NJ 07631.

JAHRES ZEITEN VERLAG
*Ein Unternehmen der*
GANSKE VERLAGSGRUPPE

# MERIAN
# REISE-SERVICE

Zwei Nasallaute verlangt die Aussprache von „Menton". Da sagen viele lieber Mentone, weil es leichter von der Zunge geht und die Stadt ja auch so italienisch anmutet

## MERIAN Top Ten

### Was Sie in der Provence und an der Côte d'Azur unbedingt sehen, erleben und unternehmen sollten

**Infoteil: Jan Biener, Annett Rensing, Klaus Simon**
**Stand Februar 2006**
Die Planquadrate mit großen Lettern beziehen sich auf die große MERIAN-Karte auf S. 131

**1. Aix-en-Provence**
Die Franzosen haben sich eindeutig festgelegt: Nirgendwo würden sie lieber leben als in dieser Stadt, die 2006 Paul Cézanne feiert. Qualitätstest für Touristen: Auf dem Cours Mirabeau unter Platanen sitzen. (E 5)

**2. Antibes**
„La joie de vivre" nannte Picasso ein Bild, das er im Château Grimaldi gemalt hat. Nichts könnte besser Werbung machen für die Stadt auf dem Felsen am Meer. (L 5)

**3. Avignon**
Wo einst Päpste residierten, gibt es seit 1947 jeweils im Juli ein Theater-Festival. Die ganze Stadt ist dann Bühne. Wer eine Aufführung im Hof des Papstpalastes erlebt, ist mitgerissen, auch wenn er des Französischen nicht allzu mächtig ist. (C 3)

**4. Bormes-les-Mimosas**
Plage de Pellegrin, Plage de l'Estagnol, Plage de Cabasson, drei wunderschöne Strände. Allerdings: Man fällt nicht vom Bett aufs Badetuch, sondern muss ein paar Kilometer fahren. Dafür hat man manchmal den französischen Staatspräsidenten zum Nachbarn, wenn er im Fort de Brégançon Ferien macht. (H 7)

**5. Les Calanques**
Weiße Kalksteinwände, die ins türkisblaue Wasser fallen – eine Erlebniswelt, die sich nur Wanderern oder Bootsfahrern erschließt. (E 7)

**6. Camargue**
Ganz früh aufstehen und mit dem Fahrrad in die brettflache Einsamkeit fahren: Die Sonne kommt als Glutball über den Horizont, ein Flamingo steht im Gegenlicht – einmalig. (B/C 5/6)

**7. Grand Canyon du Verdon**
Schwindel erregende Blick in die Tiefe, rauschendes jadegrünes Wasser, der Gleitflug der Geier über den Steilwänden, die Schluchten des Verdon. Bis zu 700 m hat sich der Fluss zwischen Castellane und dem Lac de Sainte-Croix in den Jura-Kalk gefräst. (H 4)

**8. Marseille**
In der ältesten und zweitgrößten Stadt Frankreichs hat sich das Viertel Le Panier vom Schmuddelbuckel zum sympathischen Flanierhügel verwandelt. In der „Marseille-Trilogie" des Autors Jean-Claude Izzo spielt er eine Hauptrolle. (E 6)

**9. Saint-Tropez**
Der Ort wird 50, wenn man als Geburtsdatum die Ankunft eines Filmteams von Roger Vadim zählt, der mit Brigitte Bardot den Streifen „Et Dieu ...créa la femme" drehte. Seitdem war bei der Party nie Pause. (I 6)

**10. Sénanque**
Mitte des 12. Jahrhunderts bauten Zisterzienser drei Klöster in die provenzalische Einsamkeit: Sénanque, Silvacane und Le Thoronet sind Meisterwerke der asketischen Architektur in romanischer Zeit. (D 3)

**Fünf Départements – eine Ferienregion, die alles hat von den Alpen bis zum Mittelmeer. 90 Prozent der Bevölkerung lebt in und um die Großstädte Marseille, Toulon und Nizza, dünn besiedelt mit durchschnittlich 20 Einwohnern pro Quadratkilometer ist der Bezirk Alpes-de-Haute-Provence, den die Flüsse Verdon und Durance durchziehen. Westlich der Rhône erstreckt sich die Camargue. An der Küste reiht sich ein Badeort an den nächsten, unter ihnen – weltberühmt – Saint-Tropez und Cannes**

## VAUCLUSE

**(C 3) Orange**
Julius Cäsar siedelte die Veteranen der 2. Legion an (Aurasio). Erhalten blieb das 10 000 Zuschauer fassende Theater mit dem über 100 m breiten, einst marmorverkleideten Bühnenhaus („die schönste Mauer meines Reiches" soll Ludwig XIV. gesagt haben). Der Arc de Triomphe verherrlicht einen Römer-Sieg über die Gallier.
**Office de Tourisme
5, Cours Aristide-Briand
Tel. 04 90 34 70 88
www.otorange.fr**

**(C 3) Châteauneuf-du-Pape**
Hier dreht sich alles um 3200 Hektar Wein. Geschmackskundig wird man beim Verkosten im Vinadea (8, Rue Maréchal-Foch, Tel. 04 90 83 70 69).

**(C 3) Avignon (Kasten rechts)**

**(D 2) Vaison-la-Romaine**
Oberstadt mit Schlossruine, Unterstadt mit Ausgrabungen des römischen Vasio. Die Haute Ville war Anfang des 20. Jhs. weitgehend verlassen, verdankt ihre Wiederbelebung zahlreich wahrgemachten Träumen vom Haus in der Provence. Dienstags ist Markt und immer ist irgendein Fest, den Kalender führt das **Office de Tourisme, Place du Chanoine-Sautel, Tel. 04 90 36 02 11 www.vaison-la-romaine.com**

**(D 2/3) Villages perchés**
„Auf Felsen hockende Dörfer" nennen die Franzosen Kleinode wie Crestet oder Séguret. Freude, Heiterkeit (*jocunditas*) bedeutet der Name des Weinortes Gigondas. Beaumes-de-Venise hat mit Venedig nichts zu tun, sondern leitet sich her von Venaissin, der historischen Bezeichnung für die Region. In der Nähe liegt die romanische Kapelle Notre-Dame-d'Aubune (11. Jh.). Am Osthang der Dentelles de Montmirail verliert man sich im Anblick der Landschaft. Orte zum Verweilen: **Suzette oder La Roque-Alric.**

**(D/E 2/3) Mont Ventoux**
Malaucène ist Startplatz zur Fahrt über die Nordroute, über Bédoin kurvt man von Süden hinauf. Erst säumen Weinstöcke und Obstbäume den Weg, dann ist es Eichendickicht. Zedern und Kiefern folgen, schließlich Wacholder. Und als ob ewiger Schnee ihn bedecke, schimmert der kahle Gipfel. Fast 2000 Meter hoch ist der „Windige", oft hüllen Wolken ihn ein. Der Dichter Petrarca hat ihn im April 1336 bestiegen und verharrte, „einem Betäubten gleich". 2 km davor war Tour-de-France-Fahrer Tom Simpson 1967 zu Tode gedopt vom Rad gefallen.

**(E 3) Sault**
Mittelpunkt im Reich von *Lavandula angustifolia*. Cathérine Liardet (La Ferme aux Lavandes, Tel. 04 90 64 13 08) erschließt die Welt der Duftsträucher. Auf der D 942 führen 20 km spektakuläre Strecke durch die Gorges de la Nesque. Der Ort Aurel nördlich von Sault – provenzalischer geht's nicht.

**(D 3) Carpentras**
Freitags ist Markt, ein Erlebnis. Im Winter lockt es – ebenfalls freitags – die Trüffelfreunde zur Place Aristide-Briand. Hinter unscheinbarer Fassade an der Place de l'Hôtel-de-Ville verbirgt sich die Synagoge (schöner Rokokosaal). Spezialität: Berlingots bei Chocolatier Clavel (Rue Porte d'Orange).
**Office de Tourisme, Place Aristide-Briand, Tel. 04 90 63 00 78 www.ville-carpentras.fr**

**(D 3) Pernes-les-Fontaines**
Idyll mit vielen plätschernden Brunnen – und Nougat der Brüder Silvain nach dem Rezept ihrer Großmutter.

**(D 3/4) L'Isle-sur-la-Sorgue**
Hier dominieren Antiquitätenhändler, sie schreiben ihre Preise mit großen Zahlen. Sonntags Trödelmarkt. Im Hôtel de Campredon-Maison René Char Erinnerungsstätte an den Dichter René Char.
**Office de Tourisme, Place de la Liberté, Tel. 04 90 38 04 78 www.ot-islesurlasorgue.fr**

**(D 3) Fontaine-de-Vaucluse**
Wo die Sorgue aus dem Berg quillt, strömen die Besuchermassen zusammen. Hierher hatte sich, Sonette auf Laura dichtend, Petrarca zurückgezogen. Taucher wagten sich immer wieder in die Karstquelle. Erst ein ferngesteuertes U-Boot fand Grund – in einer Tiefe von mehr als 300 Metern.

**(D 4) Cavaillon**
Der Schriftsteller Alexandre Dumas hat 1864 der städtischen Bibliothek 400 Originalbände vermacht – gegen eine Leibrente von zwölf Melonen jährlich. Am Wochenende vor dem 14. Juli ist Melonenfest.

**(D/E 4) Luberon** (s. S. 40)
60 km langer Bergrücken, höchste Erhebung: Mourre Nègre (1125 m). Ende des 15. Jhs. hatten sich Waldenser angesiedelt. Sie waren – ihr Verhängnis – Protestanten. Jean de Roma hatte als Inquisitor nur ein Ziel: die Ausrottung der

**Abendstimmung im Tal der Durance: Nördlich des Flusses liegt Caden**

Falschgläubigen. Elf Dörfer wurden niedergebrannt. Der Luberon lag fortan im Abseits, bis es unter Großstädtern chic wurde, ein Landhaus zu besitzen und als Landlord zu kokettieren. Jede noch so baufällige Hütte verwandelte sich in pastorale Träume vom Paradies. Der Engländer Peter Mayle schrieb „Mein Jahr in der Provence". Das Buch wurde Millionenseller, das Haus des Autors in Ménerbes Wallfahrtsort. Als ihm immer mehr klickende Abenteuerreisende den Vorgarten zertrampelten, war für ihn Schluss mit lustig. Mayle haute ab, kam später aber wieder – nach Lourmarin, Adresse geheim.

(D 4) **Robion**
„Confitures la Roumanière" (gegenüber der Kirche), das heißt 60 Variationen süßes Glück.

(D 4) **Oppède-le-Vieux**
Charme des Verlassenseins, hinreißender Blick vom Schloss.

(D/E 4) **Lacoste**
Marquis de Sade, Schriftsteller, anerkannter Wüstling und Namenspatron der Schmerzlust, hat im 18. Jh. hier gelebt.

**einer mächtigen Burg zu Füßen**

2001 übernahm Modemacher Pierre Cardin den Besitz.

(E 4) **Apt**
Zwei Adressen für Naschmäuler: Confiserie Ceccon (60, Quai de la Liberté) und La Bonbonnière (57, Rue de la Sous-Préfecture). Verlockend der Markt am Samstag, aufschlussreich das Maison du Parc Régional du Luberon (60, Place Jean-Jaurès).
**Office de Tourisme**
**20, Avenue Philippe-de-Girard**
**Tel. 04 90 74 03 18**
**www.ot-apt.fr**

(E 4) **Saignon**
Die romanische Kirche, der Brunnen unter der Platane, wunderschön restaurierte Häuser – hier bekommt man vom Lebensglück einstiger Aussteiger etwas ab.

(E 4) **Lourmarin**
Kaum ein Ort hat so viele Galerien, viele Menschen leben hier ihren luxuriösen Country-Spleen. Auch Albert Camus hatte sich hier niedergelassen, auf dem Friedhof ist er – unter Lavendel – begraben. Einen „Circuit Littéraire" veranstaltet das **Office de Tourisme (Tel. 04 90 68 10 77, www.lourmarin.com). Adresse für „Herbes de Provence" ist der Kräuterhof Ferme de Gerbaud (Tel. 04 90 68 11 83)**

**Cadenet**
Markt am Montag, ein Korbflechtermuseum und André Estienne: Er trommelte in der Schlacht von Arcole 1796 die Österreicher in Panik und zur Flucht vor Napoleons Soldaten.

(E 4) **Cucuron**
„Man lebt nicht vom Tourismus", heißt es auf der offiziellen Website – aber man weiß zu leben und lässt Besucher gern daran teilhaben.

(E 4) **Abbaye de Silvacane**
Zisterzienser gründeten 1144 das Kloster – ein Meisterwerk der kargen Kunst.

(D 4) **Gordes**
Die Gemeinde besaß ein Renaissanceschloss, das verfiel.

MERIAN | AVIGNON

# Rom an der Rhône

## In der einstigen Residenz der Päpste herrschen heute Schauspieler und Gaukler

**„Ein feste Burg" für Heilige Väter: der Papstpalast in Avignon**

Sieben Stellvertreter des Apostels Petrus lösten sich in sieben Jahrzehnten einander an der Rhône ab. Danach trotzten noch zwei „Gegenpäpste" dem römischen Pontifex. Für den Dichter Francesco Petrarca (1304-1374) war die Stadt die „schlechteste von allen". Diesen Ruf erwarb die Residenz der Päpste in jenem 14. Jh., weil sie auch Anziehungspunkt für allerlei zwielichtiges Volk war. Seit **1947** ist Avignon Schauplatz eines berühmten **Theaterfestivals (www.festival-avignon.com).** Jean Vilar fing damit an, hat die Bühne zum Ort provokativer, publikumsnaher und multikultureller Auseinandersetzungen gemacht (Juli/August). Später kam – der Name ist Programm – das Festival „Off" hinzu.
Viereinhalb Kilometer Mittelaltermauer umziehen die Altstadt mit der Achse von der Porte du Rhône vorbei am Papstpalast und der Place de l'Horloge über die Rue de la République zur Porte de la République. Rue Joseph-Vernet und Rue Saint-Agricol im Westen sind die Adressen von Luxusboutiquen, nicht nur zur „Off"-Zeit schlägt das Herz der Stadt in der Rue des Teinturiers.
**Palais des Papes:** Benedikt XII. (1334-1342) fing damit an. Die massiven Mauern und Türme dokumentieren, dass der Heilige Vater von Avignon nicht vor jedermann sicher sein konnte. Neben die Festung setzte Nachfolger Clemens VI. einen Palais Nouveau. Von der einst prächtigen Ausstattung ist nur noch wenig zu sehen.
*April-Juni tgl. 9-19 Uhr, Juli bis 21 Uhr, Aug.-Okt. bis 20 Uhr, Nov.-März 9.30-17.45 Uhr, 9,50 € (7,50 im Winter).*
Neben dem Palast ragt die **Kathedrale Notre-Dame-des-Doms** auf. Ein kurzer Weg dahinter führt zum **Rocher des Doms** mit dem herrlichen Blick auf die Rhône, die **Île de la Barthelasse** und **Pont Saint-Bénezet** (s. S. 52).
Das **Musée du Petit Palais** (Place du Palais) birgt eine Sammlung italienischer Malerei sowie der Schule von Avignon (6 €). Die **Collection Lambert** (5, Rue Violette) präsentiert Kunst ab 1960 (5,50 €), das **Musée Angladon** (5, Rue Laboureur) klassische französische Moderne sowie Picasso und einen van Gogh (6 €). Im **Maison Jean-Vilar** (8, Rue de Mons) lebt der Festivalgründer fort.
**Office de Tourisme** 41, **Cours Jean-Jaurès, Tel. 04 32 74 32 74, www.ot-avignon.fr (organisiert zweistündige Stadtführungen). (C 3)**

## MERIAN | TIPP

**(C 4) Fontvieille**
Ist doch egal, dass Alphonse Daudet in der Mühle von Fontvieille nicht gewohnt und keine Zeile darin geschrieben hat: 1866 erschienen seine „Lettres de mon Moulin". Sie sind bis heute amüsante Schulpflichtlektüre jedes Franzosen und locken Besucher in den Ort. Die wiederum haben Glück, wenn sie in die touristische Obhut von Patrick Gadler geraten. Der junge Mann trägt das Haar wie Alphonse Daudet (dessen Büste Gadlers Großvater geschaffen hat) und ist „Guide régional et Conteur", passionierter Vermittler seiner Heimat. Von seiner Führung lässt sich zu Hause viel erzählen.
**Office de Tourisme**
**5, Rue Marcel-Honorat**
**Tel. 04 90 54 67 49**

**(F 7) La Ciotat**
Ein Zug raste auf die Zuschauer zu und versetzte sie in Schrecken. So begann vor 100 Jahren das Zeitalter des Kinos. Die Brüder Auguste und Louis mit dem prädestinierenden Nachnamen Lumière („Licht") hatten im Bahnhof von La Ciotat ihre Kamera neben den Gleisen aufgebaut und die Ankunft eines schnaubenden schwarzen Ungeheuers gefilmt. Knapp eine Minute dauerte die aufregende Vorführung.
**Office de Tourisme**
**Boulevard Anatole-France**
**Tel. 04 42 08 61 32**

Da kam der Künstler Victor Vasarély, pachtete die Ruine für einen Franc und eröffnete 1970 mit Pomp und Pariser Prominenz das Museum seiner Selbstdarstellung. Als das Projekt pleite ging, hielt das niemand vom Besuch in Gordes ab. Von der Sonne beschienen oder von Scheinwerfern illuminiert, hockt ein auf alt gestyltes Ensemble auf dem Felsen. Schön ist's, wenn die Kirschen blühen oder die Eichen rot werden. In einem Tal 4 km von Gordes liegt die Abbaye de Sénanque, 1148 von Zisterziensern gegründet. Großartige romanische Architektur.
**Office de Tourisme**
**Salle des Gardes Château**
**Tel. 04 90 72 02 75**
**www.gordes-village.com**

## BOUCHES-DU-RHÔNE

**(C 4) Saint-Rémy-de-Provence**
Kleine Plätze, alte Gebäude, provenzalische Beschaulichkeit laden ein zum Verweilen. Südlich vom Ort liegen die Ruinen des antiken Glanum.

**(C 4) Les Baux-de-Provence**
Der Name geht auf das provenzalische Wort für Fels zurück. Einst Besitz der Grafen von Les Baux, 1426 starb das Geschlecht aus. Im 17. Jh. ließen sich vermehrt Protestanten im Ort nieder, weshalb ihn Kardinal Richelieu 1632 niedermachen ließ. Les Baux blieb lange ein Trümmerhaufen, bis immer mehr Touristen kamen. Die restaurierten Renaissancehäuser bergen Restaurants, Hotels und Souvenirboutiquen mit Heerscharen von Heiligenfiguren und säckchenweise „Herbes de Provence".
**Office de Tourisme, Maison du Roy, Tel. 04 90 54 34 39**
**www.lesbauxdeprovence.com**

**(C 4) Tarascon**
In diesem Städtchen war, so wollte es der Dichter Daudet, das Großmaul Tartarin zu Hause. Und: Die hl. Martha zähmte einen Menschen fressenden Drachen – weshalb noch heute die „Fêtes de la Tarasque" gefeiert werden. Eindrucksvoll das zinnenbewehrte Schloss, das Rathaus, die Arkadenhäuser der Rue des Halles. Zwischen Tarascon und Barbentane erstreckt sich La Montagnette. Dort lässt sich herrlich im Thymianduft wandern. Allerdings: Wegen Brandgefahr ist im Sommer Sperrzeit.

**Sentier litoral: Wanderweg überm Wasser in den Calanques**

**(B/C 4) Abbaye de Montmajour**
Die Benediktiner auf dem Felsen nordöstlich von Arles spendeten einst den „Pardon de Montmajour". Um sich diesen Ablass zu erkaufen, strömten die Pilger, die Kassen klingelten, die Mönche packte die Bauwut. Interessanter Rundgang durch Mittelaltermauern (gute Erläuterungstafeln), vom Bergfried ein toller Blick.

**(B/C 5) Arles** (s. S. 114)

**(B 4/5) Saint-Gilles**
Ein Pilgerplatz, an dem sich die Wege der bußfertigen Händler und Geldwechsler kreuzten. Die Westfassade der Kirche und eine Wendeltreppe (12. Jh.) sind Meisterwerke romanischer Steinmetzkunst; weiträumige Krypta (11. Jh.), *(tgl. 9-12 und 14-17 Uhr, Juli-Aug. 15-19 Uhr, 3 €).*

**(B/C 5/6) Camargue**
Das Schwemmland zwischen Kleiner und Großer Rhône, Domäne von Stier- und Pferdeherden mit ihren Gardians, ist nicht mehr allein von Stechmücken beherrscht. Mitte des 19. Jhs. wurden die Digue à la mer und Flussdämme gebaut: So entstand aus Brackwasserland streckenweise staubtrockene Steppe. Die Saline von Salin-de-Giraud ist die größte Europas. Beim Versuch in den sechziger Jahren, mit Fos-sur-Mer ein „Ruhrgebiet am Mittelmeer" zu schaffen, entstand eine wirtschaftliche und ökologische Problemzone. Touristen kommen zum Baden, Ausreiten, Radfahren und um Vögel zu beobachten. Klein, rabenschwarz und mit lyraförmigen Hörnern, das sind die Helden, die beim unblutigen „Course camarguaise" die Arenen beherrschen. Die Stiere wachsen in so genannten Manades auf. Zu einem Abenteuer auf der Weide verhelfen **Manade Cavallini (Tel. 04 90 97 50 06), Manade des Baumelles (Tel. 04 90 97 84 37) oder Manade Arnaud (Tel. 04 90 97 52 52).** Wer reiten will, wende sich an die **Association Camarguaise de Tourisme Equestre, Mas du Pont-de-Rousty, Tel. 04 90 97 10 40**

**(B 6) Les Saintes-Maries-de-la-Mer**
Die Legende geht so: Ausgesetzt auf einem Boot, trieben die drei Marien nach Christi Tod übers Mittelmeer, brachten das Christentum in die Provence, gerieten aber in Vergessenheit. Erst im 15. Jh. wurde der Ort zum Wallfahrtsziel. Sinti und Roma kommen seit Ende des 19. Jhs. zu ihrer hl. Sara, Dienerin der drei Marien. Seit 1935 wird die mit Gold und Brokat geschmückte Statue in einer Prozession am 24. Mai zum Meer getragen. Tags drauf

sind die Marienreste dran. Das Ritual ist zum Massenauflauf geworden. Die schlauesten Neugierigen steigen zur guten Aussicht der Kirche aufs Dach. **Office de Tourisme, 5, Avenue van Gogh, Tel. 04 90 97 82 55 www.saintesmaries.com**

(A 5) **Aigues-Mortes**
Baue nie einen Hafen in der Mündung eines Flusses, der in ein gezeitenloses Meer fließt. Ludwig der Heilige tat es im 13. Jh. Geblieben ist eine längst auf dem Trockenen liegende Festung, tagaus, tagein von Touristen gestürmt.

(D 5) **Salon de Provence**
(s. S. 130)

(E 5) **Aix-en-Provence**
(s. S. 118)

(E 6) **Marseille** (s. S. 100)

(E 7) **Les Calanques**
Weiße Kalksteinwände, türkisblaue Buchten. Wer die Calanques erleben will, muss (Karte IGN Nr. 269) – wandern. Wegen Feuergefahr ist der Zugang im Sommer eingeschränkt. **Exkursionen: Tourismusbüro in Marseille (Tel. 04 91 13 89 00), Bootstouren organisieren die Armateurs Côtiers Marseillais (Tel. 04 91 55 50 09), Kajaktouren der Sideral Time's Club (Tel. 04 91 25 00 90).**

(E 6) **Cassis**
Baden, bummeln und die Stunde des Aperitif nicht vergessen. Wer sich einer Stadtführung von Jean-Pierre Cassely anschließt (8 €, Tel. 06 07 32 10 31), erfährt herrliche Geschichten. Treffpunkt der Höhlentaucher: **Centre Cassidain de Plongée (Tel. 04 42 01 89 16), Narval Plongée (Tel. 04 42 01 87 59). Office de Tourisme, Quai des Moulins, Tel. 08 92 25 98 92, www.cassis.fr**

## VAR

(F 6) **Massif de la Sainte-Baume**
Der Name geht auf das provenzalische Wort *baumo* für Grotte zurück. Gemeint ist jene, in der, so die Legende, Maria Magdalena 33 Jahre lebte und betete. Der einsame Bergrücken ist ideal zum Wandern.

(G 5) **Saint-Maximin-La-Sainte-Baume**
Hier sei Maria Magdalena gestorben, in den Armen des heiligen Maximin. Die Legende wurde geglaubt, die dazu passenden Reliquien ließen sich finden. Auf Geheiß Karls II. von Anjou entstand ab 1295 die größte gotische Kirche der Provence. 250 Jahre wurde daran gebaut. Noch aus spätantiker Zeit stammt die Krypta.

(F 7) **Bandol**
Einer der ältesten Badeorte an der Cote d'Azur. Der Name aber assoziiert Wein, zu verkosten im **Maison des Vins (22, Allées Vivien, Tel. 04 94 29 45 03).** Pastiskönig Paul Ricard hat auf der Île de Bendor ein Museum für Hochprozentiges gestiftet und lässt 20 km landeinwärts, auf der Rennstrecke Le Castellet, die Boliden röhren.

(F 7) **Sanary-sur-Mer**
(s. S. 86)

(G 7) **Toulon**
Drei Dinge sind in der Hafenstadt, Zentrum der französischen Marine, zu empfehlen: der Marché provençal auf dem Cours Lafayette (tgl. außer Mo); die Fahrt mit der Kabinenbahn auf den Mont Faron (Abfahrt am Boulevard Amiral-Vence); und die etwa einstündige Hafenrundfahrt (Start am Quai Cronstadt).

(G/H 7) **Hyères**
Aristokratische Architektur, maurisch, viktorianisch, rokokoverspielt. Wer es sich leisten konnte, kam im 19. Jh. nach Hyères. Über den Villen und Hotels liegt ein mittelalterliches Viertel mit Schlossruine und die Villa de Noailles (s. S. 116). Die Wege zur Halbinsel von Giens säumen „Tombolos". So heißen die vom Meer gebauten Sandbänke beiderseits der Salinen, die 20 km Strand bieten. Nach Giens kommen die Surfer. Von Giens (La Tour Fondue) fährt alle 20 Minuten ein Schiff zur Île de Porquerolles (15 €). Die hat feine Strände, schroffe Felsküste, Wege zum Radeln. **Office de Tourisme 3, Av. Ambroise-Thomas Tel. 04 94 01 84 50 www.ot-hyeres.fr**

(H 7-I 6) **Massif des Maures**
Der Name stammt vom provenzalischen *maouro* für einen dunklen Wald. Kastanien, Kiefern, geschälte Korkeichen säumen den Weg. Mittelpunkt ist Collobrières, Startplatz für Wanderungen – aber erst, wenn man von den süßen Maroni-Versuchungen genascht hat.

(H 7) **Bormes-les-Mimosas**
Das Dorf am Hang, in dem die Mimosen blühen, wenn der Winter sich davonmacht, gibt schöne Postkarten her. Plage de Pellegrin, Plage de l'Estagnol und Plage de Cabasson heißen drei Strände, Paradiese in der Nebensaison. Im Fort de Brégançon macht der Staatspräsident zuweilen Ferien. **Office de Tourisme, 1, Place Gambetta, Tel. 04 94 01 38 38 www.bormeslesmimosas.com**

(H 7) **Le Lavandou**
Lange Strände und die kürzesten Wege zu den Inseln Port-Cros (Nationalpark) und du Levant (FKK-Park). Die D 559 schlängelt sich küstennah über Rayol-Canadel nach Cavalaire-sur-Mer – Orte, die Betten, Bars, Souvenir-boutiquen (in großer Zahl) anbieten und (in kleinerer) Strände.

(I 6) **Ramatuelle**
Was für ein Kontrast zwischen dem idyllischen Ort und dem

### Samuel Beckett

(E 4) **Roussillon**
Tintenblauer Himmel, smaragdgrüne Pinien, feuerfarbene Erde – hier gibt es keine Zwischentöne. „Hör mir auf mit deinen Landschaften", sagt Estragon. Darauf Wladimir: „Wir waren aber zusammen im Vaucluse ... Bei einem ... wie hieß er noch... Bonnelly in Roussillon... Da leuchtet doch alles so rot." So steht es in „Warten auf Godot" von Samuel Beckett. Der Dichter war nach seiner Flucht vor den Nazis aus Paris fast zwei Jahre lang, von 1942 bis 1944, in Roussillon untergetaucht, hatte als Tagelöhner gearbeitet.
Ockerpigmente aus Roussillon galten schon zur Römerzeit als chic, Pompeji ist leuchtendes Beispiel. Lange gerieten sie außer Mode, waren aber ab dem 18. Jh. wieder begehrt. Im Rekordjahr 1929 lag die Produktion bei 40 000 Tonnen – doch bald darauf wurde in den Steinbrüchen die letzte Schicht gefahren.
Der Ort dämmerte vor sich hin, schaffte es aber zum Geheimtipp und verwandelte sich in ein farbenprächtig dekoriertes Dorf. In der alten Ockerfabrik Mathieu hat das Ehepaar Barrois das „Conservatoire des ocres et pigments appliqués" eingerichtet und bietet interessante Führungen durch die rote Erde an *(Juli-Sept. tgl., Okt.-Nov. nur am Wochenende, 5 €).* **Office de Tourisme Place de la Poste, Tel. 04 90 05 60 25**

**Cassis: Festmachen und die Stunde des Aperitif genießen**

MERIAN | ARLES

# Kurze Blüte, langes Welken

## Römerstadt und Schicksalsstadt van Goghs

Römerbauten, Stierkampf, Fotografie, van Gogh, das sind die Stichwörter für die an Fläche größte Gemeinde Frankreichs (die Camargue gehört dazu). **Cäsar** siedelte **46. v. Chr.** hier Veteranen an. Die Rekonstruktion von **Arelate** zeigt die markanten Bauwerke der Metropole an der Rhône zur Zeit des Kaisers Augustus: **Circus** vor der Stadtmauer **(1)**; Nekropole **(2)**; Theater **(3)**; Amphitheater **(4)**; Stadtmauer, 1,6 km lang **(5)**; Hebebrücke über den Strom **(6)**; Konstantins-Thermen **(7)**; Forum **(8)**.
Die Kirche **Saint-Trophime** stammt aus dem **12. Jh.** Großartig das Westportal mit Christus als Weltenrichter im Tympanon. Der Kreuzgang ist einer der schönsten in Frankreich, die Kapitelle der Säulen sind anzuschauen wie ein wunderbares Bibel-Bilderbuch.
Aus den Sammlungen ragt das **Musée Arles Antiques** heraus. Das Werk des Architekten Henri Ciriani gilt europaweit als eine der modernsten Präsentationen antiker Kultur.
Zu **Ostern** beginnt in der Arena die **Stierkampfsaison.** Beim blutigen Nackenstechen wird der Stier getötet, bei der unblutigen Mutprobe versucht der *razeteur,* eine dem Bullen am Kopf aufgesteckte Kokarde zu entreißen. Im Juli grapschen die Geschicktesten nach der „Cocarde d'or". **Ab Juli** finden jedes Jahr die Rencontres Internationales de la Photographie statt **(www.rencontres-arles.com).**
Und **van Gogh?** Bei Schneesturm kam er im **Februar 1888** an in einer schäbigen Stadt. Hohe Böschungen trennten die Häuser von der Rhône, eine neue Bahnlinie entstand, belgische Bauarbeiter lebten in elenden Quartieren. Der Maler blieb, wohnte in einem kleinen Hotel am Bahnhof und malte. Viele seiner Motive sind verschwunden. Das Touristenbüro hat an Orten, wo er gerne seine Staffelei hinstellte, Tafeln mit Kopien installiert. Das exzentrische Genie missfiel den Kleinbürgern der Stadt. Angewidert von seinem verwirrten Verhalten und seinen alkoholischen Exzessen forderten sie die Einweisung in ein Irrenhaus. Nach genau 444 Tagen begab sich van Gogh in eine Anstalt in Saint-Rémy-de-Provence.

**(B/C 5) Office de Tourisme Esplanade Charles-de-Gaulle, Tel. 04 90 18 41 20 www.tourisme.ville-arles.fr** *Das Billet global (12 €) gewährt Zugang zu den Hauptsehenswürdigkeiten der Stadt.*

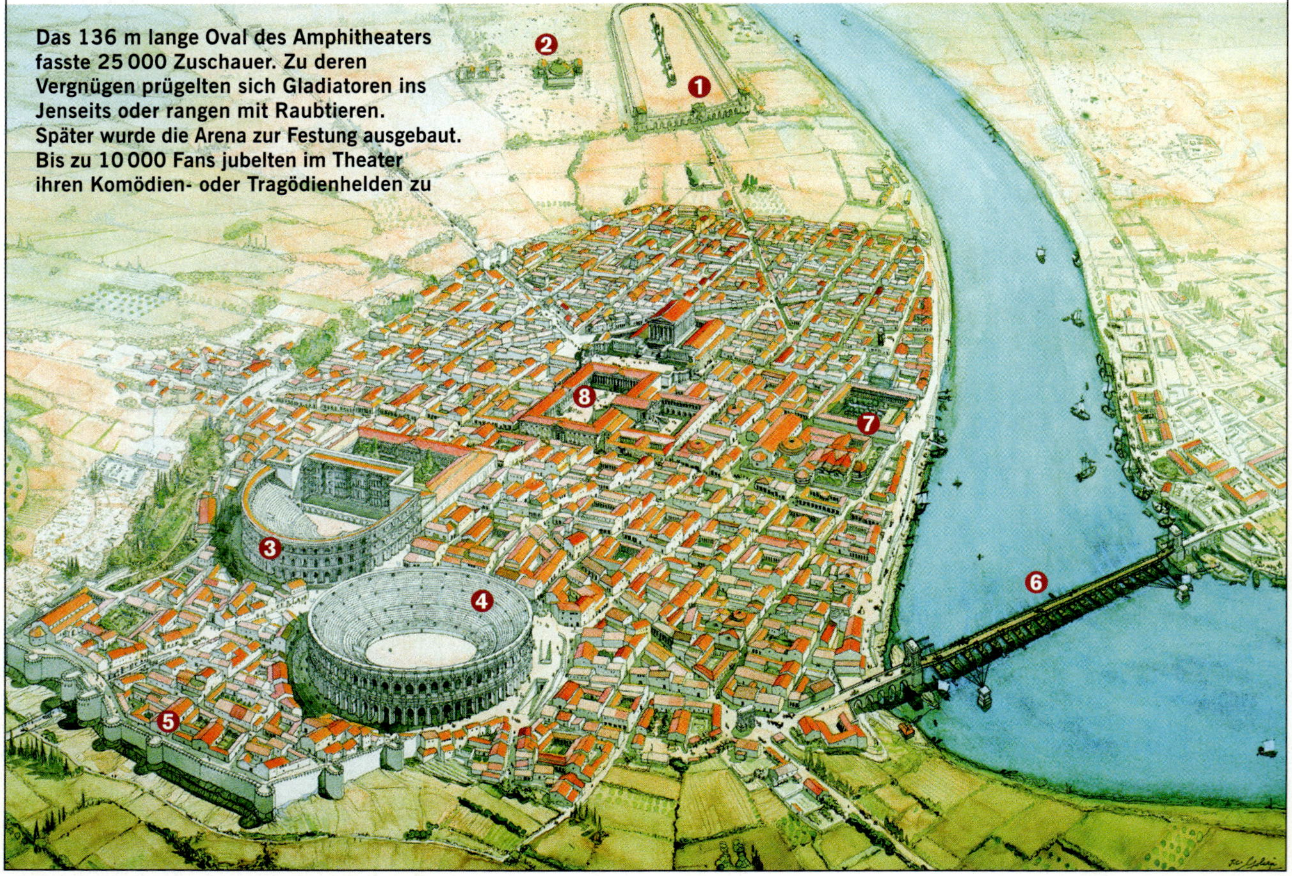


**Das 136 m lange Oval des Amphitheaters fasste 25 000 Zuschauer. Zu deren Vergnügen prügelten sich Gladiatoren ins Jenseits oder rangen mit Raubtieren. Später wurde die Arena zur Festung ausgebaut. Bis zu 10 000 Fans jubelten im Theater ihren Komödien- oder Tragödienhelden zu**

Treiben der Meute aus Saint-Tropez, die an der Plage de Pampelonne einfällt.

**(I 6) Port-Grimaud**
2000 Häuser, 5 km Kanäle, 8 km Bootsanleger – inzwischen hat das künstliche Venedig für Zweitimmobilienbesitzer 40 Jahre Patina.

**(I 6) Grimaud**
Bilderbuchdorf mit viel Anziehungskraft für wohlhabende Neubürger.

**(I 6) Gassin**
Schönstes Souvenir im Ort mit den alten, von Bougainvilleen überwachsenen Häusern ist das Panorama von ganz oben.

**(I 6) Saint-Tropez** (s. S. 70)

**(I 5) Fréjus**
Es macht Laune, durch die Altstadt zu bummeln: Baptisterium (5. Jh.), Kathedrale (12. Jh.) und Kreuzgang (13. Jh.). Zu den Resten des antiken Forum Julii begleitet ein kundiger Führer (Info beim Office de Tourisme). 2 km südlich entstand Port Fréjus mit Yachthafen und Feriensiedlung. Einer der schönsten Strände erstreckt sich westlich des Flusses Argens beim Naturschutzgebiet um den Étang de Villepey.
**Office de Tourisme, 325, Rue Jean-Jaurès, Tel. 04 94 51 83 83 www.frejus.fr**

**(I 5) Roquebrune-sur-Argens**
Alt und idyllisch, auf felsiger Höhe am rechten Argens-Ufer. Verführerisch sind die „Rocher de Roquebrune" aus Nougat von Meister Courreau **(2, Montée Saint-Michel).**

**(K 5/6) Saint-Raphaël**
Zwei Einträge hat der Ort im Geschichtsbuch: 1799 landete Napoleon nach fehlgeschlagenem Ägypten-Feldzug, 1814 segelte er nach Elba in die Verbannung. Die Flaniermeile zwischen Vieux Port und Nouveau Port de Santa Lucia ist besonders stimmungsvoll am Abend.
**Office de Tourisme, Rue Waldeck-Rousseau, Tel. 04 94 19 52 52 www.saint-raphael.com**

**(I 5) Seillans**
Der Ort hatte es dem Surrealisten Max Ernst angetan. Er lebte hier mit seiner Frau Dorothea Tanning. Wie ein Totempfahl ragt am Bouleplatz, an dem der Künstler die Kugel schwang, seine Bronzeskulptur „Le Génie de la Bastille" auf. Sehenswert die Collection Max Ernst-Dorothea Tanning (Führungen: **Tel. 04 94 50 45 54 oder Office de Tourisme, Tel. 04 94 76 85 91).**

**(H/I 5) Draguignan**
Zu empfehlen: ein Spaziergang durch die Altstadt, ein Besuch im Musée de l'Artillerie (Avenue de la Grande-Armée) oder leckere „Dragouns"-Pralinen bei Patissier Brunet (25, Rue Georges Cisson). Ein Abstecher führt zur Chapelle Sainte-Roseline (14 km bis Les Arcs und dann 4 km östlich). Sie verfiel, bis Marguerite Maeght sie rettete und von ihren Kunstfreunden Chagall und Giacometti ausgestalten ließ. Für Kletterer attraktiv sind die Gorges de Châteaudouble.
**Maison de la Dracénie, 2, Avenue Lazare-Carnot, Tel. 04 98 10 51 05 www.dracenie.com**

**(H 5) Abbaye du Thoronet**
Mitte des 12. Jhs. zogen Zisterziensermönche in die Einsamkeit und bauten dieses Kloster – vollendete asketische Architektur (6,50 €).

**(H 5) Aups**
Trüffel, Oliven, sanfter Tourismus – ein außergewöhnliches Trio. Von November bis Februar ist donnerstags Trüffelmarkt. Auch wenn die Knollen nicht in Körben duften, verströmt der Ort seinen provenzalischen Charme.
**Office de Tourisme, Place Frédéric-Mistral, Tel. 04 94 84 00 69**

**(H 5) Entrecasteaux**
Das prächtige Interieur des Schlosses, vom Grafen von Grignan im späten 17. Jh. erbaut, lässt sich im Sommer um 16 Uhr (Juli-Aug. zusätzlich 11.30 Uhr) bestaunen **(Tel. 04 94 04 43 95, 7 €).**

**(G 5) Barjols**
Wasser sprudelt überall und speist drei Dutzend Brunnen. Einer sieht aus wie ein bemooster Champignon. Über Jahrhunderte waren die Färber hier zu Hause, in ihre verfallenden Fabrikgebäude sind neuerdings Künstler und Kunsthandwerker eingezogen (Info unter Telefon 04 94 77 17 73). Notre-Dame-des-Épines (im 11. Jh. gegründet, Chor 13. Jh.) Renaissanceportal am Haus des Marquis de Pontèves.
**Office de Tourisme, Boulevard Grisolle, Tel. 04 94 77 20 01 www.ville-barjols.fr**

Strand unter Palmen am Golf von Fréjus, aber Schatten ist rar

## MERIAN | TIPP

**(G/H 7) Villa de Noailles**
Robert Mallet-Stevens hat sie 1924 für Charles de Noailles errichtet, eine Architektur des Kubismus mit einem Dreiecksgarten wie ein Schiffsbug, in den rechteckig und quadratisch farbige Keramikplatten eingelegt sind. Die Avantgarde jener Zeit, Giacometti, Man Ray, Cocteau und Dalí, waren bei dem Adligen zu Gast. Ehe der Bau unterhalb der Schlossruine gänzlich verfiel, hat ihn die Stadt Hyères gekauft, restauriert und für hochkarätige Kunstausstellungen ausgestattet.
**Tel. 04 98 08 01 08**
**www.villanoailles-hyeres.com**
*April-Sept. 10-12 und 16-19 Uhr, Di geschl.; Okt.-März 10-12 und 14-17 Uhr, Mo/Di geschl.)*

**(G 5) Cotignac**
Quittengelee ist es, was den Besuch im Ort versüßt. Wer des Französischen mächtig ist, lasse sich in der Galerie de Gabriel-Henri Blanc vom betagten Besitzer Geschichten erzählen.

**(G 6) Brignoles**
Nach dem Spaziergang durch die Altstadt ein Besuch von La Celle 3 km südwestlich: romanische Kapelle, Kreuzgang und die Hostellerie de l'Abbaye de La Celle, in der ein Schüler von Alain Ducasse am Herd zaubert. Sommerkonzerte.
**Office de Tourisme**
**10, Rue du Palais**
**Tel. 04 94 69 27 51, www.officedetourisme-brignoles.com**

## ALPES-MARITIMES

**(K 5) Cannes** (s. S. 64)

**(K/L 5) Îles de Lérins**
Vom Vieux Port in Cannes steuern Linienboote die Inseln Sainte-Marguérite und Saint-Honorat an. Sie gleichen „dunkelgrünen Gärten, die ins Meer gestoßen sind", schrieb der Dichter Maupassant. Dorthin hatte sich Honoratius, Sohn eines römischen Konsuls in Trier, im 5. Jh. zurückgezogen. Viele fromme Männer folgten, das Kloster wurde zu einem der berühmtesten der Christenheit. Die Mönche heute bieten stille Einkehr in einfachen Zimmern.
**Abbaye Notre-Dame-de-Lérins,**
**Tel. 04 92 99 54 00**
**www.abbayedelerins.com**
*(Anm. höchstens für eine Woche, aber lange im Voraus).*

**(K/L 5) Vallauris**
Hier hat sich Picasso im Töpfern versucht, der Schauspieler Jean Marais auch. Arbeiten des Meistermalers sind im Schloss ausgestellt. Für eine Kapelle im Schloss hat Picasso 125 Quadratmeter „Krieg und Frieden" an die Wand gemalt. Auf der Place d'Isnard steht seine Skulptur „L'Homme au Mouton". Die Arbeiten von Jean Marais werden im Espace Jean-Marais dargeboten (3, Avenue des Martyrs-de-la-Résistance). Im Maison du Syndicat des Potiers präsentieren professionelle Töpfer ihre Werke.
**Office de Tourisme**
**Square du 8 Mai-1945**
**Tel. 04 93 63 82 58**
**www.vallauris-golfe-juan.com**

**(L 5) Juan-les-Pins**
Geburtsort des Wasserskifahrens, Treff von Nachtschwärmern und Jazzfans. Im Juli Festival International de Jazz.
**Office de Tourisme**
**55, Boulevard Guillaumont**
**Tel. 04 92 90 53 05**

**(L 5) Antibes**
Antipolis nannten die griechischen Gründer die Stadt. Amerikaner haben in den zwanziger Jahren hier mediterranes Leben entdeckt, F. Scott Fitzgerald hat es in „Zärtlich ist die Nacht" beschrieben. „Kai der Milliardäre" nennen die Einheimischen den Yachthafen Port Vauban. Gleich nebenan ragt „Le Fort Carré" auf, um 1550 zur Abwehr damals neuer Artillerie gemauert, später von Vauban ausgebaut (geführte Spaziergänge von Juni-Sept., 3 €). Höhepunkt eines Altstadtbummels ist der Besuch im Musée Picasso Château Grimaldi (s. S. 88). Auch ein Gang über den täglichen Marché Provençal am Cours Masséna gehört zur Visite. Die Halbinsel Cap d'Antibes liegt in reichen Händen. Obenauf steht der Leuchtturm (einmaliger Rundblick). Von der Plage de la Garoupe führt ein Schmugglerpfad knapp 3 km die Küste entlang. Die Sträßchen, die sich über den Hügel winden, sind von Mauern gefasst. Dahinter: Gärten Eden. Die Villa Eilen Roc gehörte einst einem Ex-Gouverneur von Niederländisch-Indien, der den Namen seiner Gattin Cornelie in den Spiegel gehalten hatte. Mittwochs ist der Park geöffnet. Das „Hôtel du Cap-Eden Roc" ist eine der weltbesten Luxusherbergen.
**Office de Tourisme**
**11, Place de Gaulle**
**Tel. 04 92 90 53 00**
**www.antibes-juanlespins.com**

**(L 5) Marineland**
34 € kostet es (Kinder 25 €), um in diesem gigantischen Zoo Delfine, Haie und Orkas zu sehen, die sich viel lieber im freien Ozean tummeln würden.

**(L 5) Biot**
„Biotte" spricht man den Namen aus. Dreierlei hat der Ort zu bieten: Töpferei („La Poterie Provençale"), Glasbläserei („La Verrerie de Biot") und Fernand Léger im neu gestalteten Museum **(Chemin du Val-de-Pomme, Tel. 04 92 91 50 30,** *Juli-Sept. 10.30-18 Uhr, Okt.-Mai 10-12.30 und 14-17.30, Di geschl., 4 €).*

**(L 4/5) Villeneuve-Loubet**
„Marina Baie des Anges" – das klotzt. Das Touristenbüro nennt den vielstöckigen Feriensilo ein „zum Ruhm der Freizeit-Zivilisation am Ende des 20. Jhs. errichtetes Denkmal". Eine Delikatesse: Im Geburtshaus des Kochkönigs Auguste Escoffier das **Musée de l'Art Culinaire**
**3, Rue Escoffier**
**Tel. 04 93208051,** *5 €*

**(L 4) Cagnes**
Das Haus, in dem Auguste Renoir seine letzten zwölf Lebensjahre bis 1919 verbrachte, blieb unverändert. **(Domaine Renoir, Chemin des Collettes, Tel. 04 93 20 61 07,** *3 €).*

**(K 4) Gorges du Loup**
Was schwärmen Erika und Klaus Mann in ihrem Riviera-Reiseführer von 1931 von diesen Schluchten: „Felsen,

Abgründe, Wasserfälle, die wie breite Silberbänder herunterhängen, frei herunterstürzen, bis sie, sich teilend, mit großem Gepolter weiter fließen ins Tal". Den nur knapp 50 km langen Wildbach zu begleiten, ist ein rauschendes Erlebnis.

**(K 4) Tourrettes-sur-Loup**
Veilchenort nennt sich der herausgeputzte Hochsitz – aus den kleinen blauen Blumen wird alles gemacht: Marmelade, Sirup, Tee, Pastillen.

**(K 4) Grasse** (s. S. 68)

**(L 4) Vence**
Man tritt ein durch die Porte du Peyra, verlangsamt die Schritte, schaut an den Häusern hinauf, in die Boutiquen hinein – und sitzt alsbald beim Pastis. Und was noch? La Chapelle du Rosaire, die der alte Henri Matisse ausgestaltet hat. Verrückt war er nicht, wie Picasso mutmaßte, sondern verliebt in eine Nonne des Dominikanerinnenklosters. Matisse schuf mit sparsamen, suggestiven Mitteln einen ergreifenden Andachtsraum **(466, Avenue Matisse, Tel. 04 93 58 03 26** *Mo, Mi, Sa 14-17.30 Uhr, Di, Do 10-11.30 und 14.30-1730 Uhr, 2,50 €).*

**(L 4) Saint-Paul-de-Vence**
Alte Mauern, Treppen, Brunnen, Torbögen – so schön und so überlaufen, im Sommer wird es ganz eng. Boutiquen dekorieren Luxusfummel, Antiquitätenhändler stellen Louis XVI. altneu ins Schaufenster, in Galerien hängen sehr bunt bemalte Leinwände – Nachfrage ist da. Zu den bekanntesten privaten Kunststiftungen in Europa gehört die Fondation Maeght: Unterstützt vom spanischen Architekten Josep Lluís Sert und den Malern und Bildhauern Braque, Chagall, Calder, Giacometti, Tal-Coat und Miró schuf das Ehepaar Marguerite und Aimé Maeght 1964 diese Stiftung. Alljährlich Ausstellungen von internationalem Rang. **(Tel. 04 93328163** *tgl. Juli-Sept. 10-19 Uhr, Okt.-Juni 10-12.30 und 14.30-18 Uhr, 11 € ).*

**(L 4) Nizza** (s. S. 30)

**(L/M 4) Corniches**
Kartografisch heißen sie N 98, N 7 und D 2564. Es sind die schönsten drei Umwege Europas: Corniche Inférieure, Moyenne Corniche und Grande Corniche (einst römische Via Aurelia), das kurvenreiche atemraubende Rauf und Runter von Menton bis Nizza.

## Gärten

**(17) Domaine du Rayol**
Der Geschäftsmann Alfred Courmes ließ 1910 auf einem Felsvorsprung über der Baie du Figuier eine Villa bauen und einen Park anlegen. Nach mehrfachem Besitzerwechsel hat der Landschaftsarchitekt Gilles Clément das Gelände im Auftrag der Küstenschutzbehörde in ein subtropisches Paradies verwandelt. Der Spaziergang gleicht einer botanischen Zeitreise durch die Kontinente.

**Avenue des Belges**
**Le Rayol-Canadel**
**Tel. 04 98 04 44 00**
**www.domainedurayol.org**
*April-Sept. 9.30-12.30 und 14.30-18.30 Uhr, Feb., März, Okt., Nov. 9.30-12.30 und 14 bis 17.30 Uhr, Mo geschl., 6,50 €*

MERIAN | AIX-EN-PROVENCE

# Der Maler und sein Berg

## Eine Jahrhundertausstellung in der Heimatstadt Cézannes

**Immer wieder Motiv des Meisters: Montagne Sainte-Victoire (1886/1887)**

Römisches „Aquae Sextiae", ab 1182 Kapitale der Grafen von Provence (der „gute René", 1480 gestorben, war der letzte), danach „la belle endormie" (die schöne Eingeschlafene) und heute Kulturzentrum, in dem jeder Dritte Student ist. Von allen geliebtes Lehrfach: Savoir-vivre.

**Aix-en-Provence** muss man sich ergehen und erschnuppern. 1. Übung: die Prachtstraße **Cours Mirabeau**; 2. eine Mußestunde auf der Terrasse des Cafés **„Les Deux Garçons"**( „2G", sagen die Aixois); 3. das vornehme **Quartier Mazarin** mit seinen Stadtpalais im Süden; 4. verwinkelte Gassen, kleine Plätze bis zur **Kathedrale Saint-Sauveur** mit dem Triptychon „Maria mit dem Dornbusch", der brennt, aber nicht zu Asche fällt (Symbol der Jungfräulichkeit Marias). Auf dem Meisterwerk von Nicolas Froment aus dem 15. Jh. sind auch der gute René samt Gemahlin Jeanne dargestellt.

Berühmtester Aixois ist **Paul Cézanne,** Bankierssohn, 1839 in der Rue de l'Opéra geboren. Er studierte Jura, ehe er, auch auf Drängen seines Schulfreundes Émile Zola, sich ganz der Malerei widmete und nach Paris ging – zunächst mit wenig Erfolg. 1870 kehrte er in die Provence zurück, malte in L'Estaque bei Marseille und dann wieder in Aix. Die Leidenschaft vor allem seiner letzten Lebensjahre – er starb 1906 – war die Montagne Sainte-Victoire, von der er mehr als fünf Dutzend Bilder malte.

Nördlich der Stadt, etwa 2 km vom Zentrum, liegt das **Atelier de Paul Cézanne (9, Avenue Paul-Cézanne, Tel. 04 42 21 06 53, 5,50 €).** Vom Stadtzentrum führt (ausgeschildert) ein Auto-„Parcours pictural" zu den Motiven, die Cézanne in der Umgebung von Aix gemalt hat (Info beim Office de Tourisme). Auf den Spuren des Malers bietet L'Association Evana geführte Gruppen-Wanderungen in die Montagne Sainte-Victoire an
**(610, Avenue du Général-de-Gaulle, 13510 Eguilles, Tel. 06 70 21 16 30;** *nicht im Juli/August, weil dann das Gebirge wegen Waldbrandgefahr gesperrt ist.)*

Das **Musée Granet (Place Saint-Jean-de-Malte, Tel. 04 42 38 14 70)** war lange geschlossen und wird 2006 mit der großen Cézanne-Ausstellung zum 100. Todestag wieder eröffnet.

Auf der **Place Richelme** ist täglich Markt. Spezialität der Stadt sind „Calissons", Mandeltörtchen. Drei Adressen: **Béchard am Cours Mirabeau, Confiserie d'Entrecasteaux (2, Rue d'Entrecasteaux) und Calissons du Roy René (10, Rue Clemenceau).**

**Office de Tourisme, 2, Place du Général-de-Gaulle, Tel. 04 42 16 11 61**
**www.aixenprovencetourism.com** (E 5)

**Voller Ehrfurcht gepflegt und nicht verändert: Cézannes Atelier**

(L 4) **Saint-Jean-Cap-Ferrat**

Die Halbinsel trägt auf ihrem Rücken Nachbauten des Paradieses für Menschen wie den belgischen König Leopold II. Ihn zog es hierher, weil Monacos Spieltische nicht weit waren. Wenn er ins Meer stieg, steckte sein weißer Bart in einer Gummihülle. Für jede Mätresse baute er eine Villa im Garten, für seinen Beichtvater dann auch eine. Die bewohnte später Somerset Maugham. Le „Tour du cap" folgt einem alten Zöllnerpfad, dauert etwa 2 Stunden und bietet herrliche Einblicke in die noblen Besitztümer.

**Office de Tourisme**
**59, Avenue Denis Semeria**
**Tel. 04 93 76 08 90**
**www.ville-saint-jean-cap-ferrat.fr**

(L 4) **Villefranche-sur-Mer**

Basis der 6. US-Flotte nach dem 2. Weltkrieg. Zitadelle, Hafen, alte Straßen (Rue Obscure wie ein Tunnel, seit dem 13. Jh. praktisch unverändert) – ein Flanierspaß. Und dann am Quai Courbet die bonbonfarbene Chapelle Saint-Pierre, von Jean Cocteau 1957 ausgeschmückt.

**Office de Tourisme, Jardins Binon, Tel. 04 93017368,**
**www.villefranche-sur-mer.com**

(L/M) **Èze**

Ein Trio: Èze-Village ist das historische Herz, Èze-sur-Mer der Badeort, Le Col d'Èze der Weiler auf der Höhe. Der alte Ort bezaubert vor allem frühmorgens oder zur Däm-

**Aufragend überm Luxusfelsen von Cap-Ferrat: der Leuchtturm**

merung. Tagsüber ist man zu zahlreich unter seinesgleichen. In die „Galerie Avanti" (Rue du Bour-Nou) sollte man sich hineintrauen wie ins „Atelier Garnier" (7, Rue du Barri). „Ciel ouvert" und „Spectacles aux Étoiles" heißt es im Astrorama: Auf 650 m Höhe kommt man mit kundiger Hilfe den Sternen nah (Tel. 04 93 85 85 58, 10 €). Nietzsches Zarathustra kam auf dem „Sentier Nietzsche" ins Reden.
**Office de Tourisme**
**Place du Général-de-Gaulle**
**Tel. 04 93 41 26 00**
**www.eze-riviera.com**

### (L/M 4) La Turbie

Auf dem 2000 Jahre alten, die Passhöhe beherrschenden Siegesmonument „Trophée des Alpes" stand einst Augustus. 50 m war das Denkmal einst hoch, 35 sind geblieben. Unbedingt hinaufsteigen (4,60 €).

### (M 4) Roquebrune-Cap-Martin

Oben liegt „Braunfels", verwinkelt, herausgeputzt und mit einem Ölbaum, dessen Alter je nach Heimatverbundenheit wächst (Umfang: 10 m). Cap Martin ist im Bund mit Cap-d'Antibes und Cap-Ferrat das dritte Refugium der Reichen an der Côte d'Azur. Kaiserin Sissi kam und Kaiserin Eugénie, die Witwe Napoleons III.; Winston Churchill war da, der Däne Tersling errichtete wunderliche Villen. Le Corbusier baute sich ein 15-qm-Häuschen.

### (M 4) Menton

Was Schriftsteller so von sich geben: „Ein Duft von Italien" verströme hier, empfand Gustave Flaubert. Nein, „ein spanischer", hielt Prosper Mérimée dagegen. Und die Mann-Kinder Klaus und Erika fanden es „gar nicht einmal so herrlich" in Menton, das Napoleon III. im 19. Jh. den gerade mal klammen Grimaldis abkaufte. Der Ort feiert im Februar ein Zitronenfest, Zitrusfrüchten waren bis ins 19. Jh. wichtige Einnahmequelle.
In der Hafenbastion aus dem 17. Jh. hat Jean Cocteau, Irrwisch in allen Künsten, seine Werke versammelt (**Quai Napoléon-III**, *tgl. außer Di, 10-12 und 14-18 Uhr, 3 €*). Im Rathaus malte er den Hochzeitssaal aus. Um Parks und Gärten zu erleben, sollte man sich einem Führer anvertrauen, den das Maison du Patrimoine vermittelt (**24, Rue Saint-Michel, Tel. 04 92 10 97 10**).
**Office de Tourisme, 8, Avenue Boyer, Tel. 04 92 41 76 76**
**www.ville-menton.fr**

### (M 3) Sospel

Vor der Kulisse der Seealpen überspannt eine turmbewehrte Brücke aus dem 11. Jh. den Fluss Bevera. Eine Fahrt mit dem „Train des Merveilles" führt durch Tunnel, in waghalsigen Schlaufen und über Viadukte in 1000 m Höhe. Honigträume machen Catherine und Marc Lavoriero wahr: Do und So auf dem Markt oder auf ihrem Hof **„Les Ruchers des Oliviers", Tel. 04 93 04 02 46, Route du Moulinet La Vasta.**
**Office de Tourisme**
**19, Avenue Jean-Médecin**
**Tel. 04 93 04 15 80**

### (M 3) Roya-Tal

Durch dieses Tal schleppten Saumtiere einst das weiße Gold des Mittelalters. Heute ist die alte Salzstraße eine herrliche Ausflugsstrecke von Breil-sur-Roya hinauf zum Col de Tende. Über einem Steilhang klebt Saorge. An der Place Ciapagne das kuriose „Café du Cairos". Von La Brigue ein paar Kilometer entfernt in einem abgelegenen Tal liegt Notre-Dame-des-Fontaines, Ende des 15. Jhs. von Giovanni Canavesio prachtvoll ausgemalt. Im „Musée des Merveilles" in Tende werden die Felszeichnungen präsentiert, die das Vallée des Merveilles und das Vallée de Fontanalbe berühmt gemacht haben (**Avenue du 16-Septembre-1947, Tel. 04 93 04 32 50** *Juli-Aug. Mi-Mo 10-18.30 Uhr, 4,60 €*).

### (L 3) Vésubie-Tal

Ehe die Vésubie in den Var mündet, hat sie über mehrere Kilometer eine grandiose Schlucht in den Kalkstein gefräst. Von Utelle windet sich ein Bergsträßchen nach Madone-d'Utelle. Weitere Stationen: Lantosque, Roquebillière und Saint-Martin-Vésubie. Das **Bureau des Guides in Saint-Martin (Rue Cagnoli, Tel. 04 93 03 26 60) vermittelt Begleiter für Bergtouren.**
**Office de Tourisme, St-Martin-Vésubie, Place Félix-Faure, Tel. 04 93 03 21 28**

## ALPES-DE-HAUTE-PROVENCE

### (G 2) Sisteron

Die Häuser mit den beigerosa Ziegeln stapeln sich hinauf zur Zitadelle. Gegenüber der Rocher de la Baume, dessen senkrechte Schichten wie riesige erstarrte Hautfalten aussehen. Es macht Spaß, zwischen Tour d'Horloge (mit Glockenkäfig) und der um 1200 entstandenen Notre-Dame-des-Pommiers zu schlendern und zur Zitadelle (April-Nov. tgl. 9-19 Uhr, Juli/Aug. bis 19.30, 4,80 €). Ein Markenzeichen ist das „Agneau de Sisteron". Nur: So viele Lämmer, wie das Gütesiegel tragen, können niemals hier geboren worden sein.
**Office de Tourisme, Hôtel de Ville, Tel. 04 92 61 36 50**
**www.sisteron.fr**

### (G 3) Les Mées

Die Büßer („Pénitents") von Mées sind ein Meisterwerk der Erosion vor 25 Mio. Jahren.

## MERIAN | TIPP

### (L 4) Villa Ephrussi/ Cap-Ferrat

Mehr als 250 Millionen Goldfrancs erbte Beatrice Ephrussi, geborene Rothschild 1905 von ihrem Vater. Die „jeune fille un peu déchaînée" ersteigert (gegen König Leopold) ein Grundstück am Cap Ferrat und lässt sich von Nicolas-Aaron Messiah aus Nizza die Villa „Île de France" (benannt nach einem Ozeandampfer) bauen, ein Stilmix, angesichts dessen einem die Physiognomie stehen bleibt. Besonders in den Parks, die Gärtner mit roten Bommeln an der Baskenmütze pflegten.

**1, Avenue de Rothschild**
**Tel. 04 93 01 33 09**
**www.villa-ephrussi.com**
*tgl. geöffnet, 9,50 €*

### (L 4) Villa Kérylos/ Beaulieu

Sie ist die Erfüllung eines Griechenlandtraumes zweier Männer: des Bankiersohns, Archäologen und Hellenisten Théodore Reinach und des Architekten Emmanuel Pontremoli, Sohn eines Piemonteser Rabbis.
**Rue Gustave-Eiffel**
**Tel. 04 93 01 01 44**
**www.villa-kerylos.com**
*tgl. geöffnet, 7,50 €*

MERIAN | MONACO

# Der Staat auf dem Felsen

## Seit über 700 Jahren behaupten die Grimaldis ihre Unabhängigkeit

Eine Schlagzeilen nicht abholde Herrscherfamilie, als Untertanen Steuer sparende Exzentriker, Hölle und Paradies unter einem Dach (Spielcasino), ein Straßenzirkus, bei dem im Mai mit Formel-1-Autos geschossen wird, im Hafen schwimmende Wasserschlösser, am Ufer immer höher strebender Beton, eine outgesourcte Landesverteidigung und die einzige „Firma" mit Sitz in UN und Europarat. 195 Hektar Souveränität und kein Millimeter Brache. **1297** schwang sich **Francesco Grimaldi,** ein genuesischer Adliger, auf den Felsen. Die Grimaldi hielten bis heute durch. Im 19. Jh. herrschten für Monegassen zwar traurige Zeiten, doch 1863 bekam François Blanc eine **Glückspiel-Konzession.** Er gründete die Aktiengesellschaft **Société des Bains de Mer (SBM),** baute Hotels, die Oper und brachte Frankreich dazu, Schienen nach Monaco zu legen, das bis dato nur per Maultier erreichbar war. Der Zwergstaat blühte, die Neider wurden laut. Katherine Mansfield war angewidert von den „klapprigen Greisen, reichen, fetten Kapitalisten und jungen Mädchen, die versuchen, wie Babies auszusehen". Nun, der Sinn wird eben finster, wenn man wie die Schriftstellerin an Tuberkulose leidet. Heute trägt die SBM nur noch einstellig zum Staatshaushalt bei. **Rainier III.,** 56 Jahre Regent bis zu seinem Tod 2005, hat Rotkreuzbälle und Zirkusfestivals eröffnet, aber auch dafür gesorgt, dass heute viele potente Firmen in seinem Mikrostaat registriert sind – nicht nur solche mit dubiosem Briefkasten. Sohn Albert hat versprochen, im Sinne des Vaters weiter zu regieren – und auch zu heiraten.

### Palais
Von der Burg aus dem 13. Jh. stehen noch drei zinnenbewehrte Türme. Im 16. Jh. kam der Allerheiligenturm dazu. Elemente der italienischen Renaissance, französischer Klassizismus im Ehrenhof mit der doppelläufigen Marmortreppe, der Spiegelsaal, mit kostbaren Möbeln reich ausgestattete Salons, der Thronsaal – die Visite lohnt sich *(Juni-Sept. 9.30-18 Uhr, Okt. 10-17 Uhr, Nov.-Mai geschl, 6€).*

### Musée Océanographique
Eine der größten Attraktionen an der Küste, 1910 eröffnet. Einmalige Deep-Blue-Erlebnisse **(Avenue Saint-Martin, Tel. 003 77 93 15 36 00** *Jan.-März und Okt.-Dez. 10-18, April-Juni, Sept. 9.30-19, Juli-Aug. 9.30-19.30 Uhr, 11 €).*

### Casino
Den Tempel des Rien-ne-va-plus hat Charles Garnier, Architekt der Pariser Oper, 1878 geschaffen, Pracht verschwendende Belle Époque *(10 €, Salons privés 20 €).*

### Jardin Exotique
Sensationeller Kakteengarten mit tollem Blick auf Monaco. Unterhalb liegt die Grotte de l'Observatoire und daneben – für Fans der Vorzeit – das Musée d'Anthropologie préhistorique *(Mai-Sept. 9-19, Winter bis 18 Uhr, 6,90 €).*

### Musée des Voitures anciennes
Träume auf Rädern. **(Les Terrasses de Fontvieille,** *tgl 10-18 Uhr, 6 €).*

### Musée des Poupées et Automates d'autrefois
Für Fans von Androiden.
**(17, Avenue Princesse-Grace** *tgl. 10-18.30, Winter 10-12.15 und 14.30-18.30 Uhr, 6 €).*

**Direction du Tourisme et des Congrès**
**2a, Boulevard des Moulins**
**Tel. 003 77 92 16 61 16**
**www.booking-monaco.com (L/M 4)**

In Monaco fährt ein jeder seinen Grand Prix

Wandern mit Weitblick: Vallée des Me

### (F 3) Forcalquier
Die Place Bourguet, auf der montags einer der größten Märkte in der Provence stattfindet, ist gut für den Aperitif oder das Gespräch mit dem Schriftsteller Pierre Magnan, der am Markttag ins „Le Bourguet" kommt **(s. S. 76).** An der Südseite ragt Notre-Dame-du-Marché auf, ein Bau aus dem frühen 13. Jh. Bürgerhäuser mit stattlichen Portalen und Eingangshallen reihen sich in den Gassen der Altstadt. Pfirsich-Aperitif (Rinquinquin), Enzian de Lute, Pastis Henri Bardouin, ein Thymian-Digestif (Farigoule), all das gibt es in den **Distilleries et Domaines de Provence (Avenue Saint-Promasse, Tel. 04 92 75 15 41).**
**Office de Tourisme, 13, Place du Bourguet, Tel. 04 92 75 10 02**
**www.forcalquier.com**

### (F/G 3) Abbaye de Ganagobie
Die Kirche ist ein romanisches Kleinod mit großartigen Mosaiken in Rot, Weiß und Schwarzgrau aus dem 12. Jh. (Di-So 17-19 Uhr). Wer Glück hat, kann den Gesängen der Mönche lauschen.

### (F 4) Manosque
Von der geschleiften Stadtmauer blieben nur Porte Saunerie und Porte Soubeyran übrig. Das Centre Jean Giono erschließt Leben und Werk des Schriftstellers, der 1895 hier geboren wurde und bis zu seinem Tod 1970 immer hier lebte **(3, Boulevard Elmeir-Bourgeys Tel. 04 92 70 54 54,** *Apr.-Sept. tgl. außer Mo 9.30-12.30 und 14-18; Okt.-März Di-Sa 14-18 Uhr, 4 €).* Das Zentrum veranstaltet Führungen auf den Spuren des Dichters. Ende Juli drei Tage „Journées Jean Giono".
**Office de Tourisme, Place du Dr-Joubert, Tel. 04 92 72 16 00**
**www.manosque-tourisme.com**

illes im Nationalpark Mercantour

(H 3) **Digne-les-Bains**
Visite im Museum einer tollen Frau: Alexandra David-Néel, Abenteurerin, Feministin, die ihr Haus zur Begegnungsstätte mit Asien machte.
**27, Avenue du Maréchal-Juin, Tel. 04 92 31 32 38**
*Führungen Okt.-Juni 10, 14 und 16 Uhr; Juli-Sept. 10, 14, 15.30 und 16.30 Uhr.*
„Fossiles de Digne" heißen Köstlichkeiten von
**Les Delices (9, Rue de l'Hubac). Office de Tourisme, Place du Tampinet, Tel. 04 92 36 62 62 www.ot-dignelesbains.fr**

(H 2) **La Vallée du Bès**
Ausflug ins Archiv von 300 Millionen Jahren Erdgeschichte: zur Dalle à Ammonites (ein Feld „steinharter" Weichtiere) sowie den Clues de Barles und de Verdaches.

(H 4) **Grand Canyon du Verdon** (s. S. 62)

(H 4) **Moustiers-Sainte-Marie**
Am Abend, wenn die Touristenbusse abgefahren sind, die Sonne die Felsen rot werden lässt und nur noch der Wildbach rauscht, dann ist es hier am schönsten. Der goldene Stern an der mehr als 200 m langen Kette über der Schlucht funkelt. Romanisch (mit gotischem Chor) und sehr stimmungsvoll ist die einschiffige Kirche Notre-Dame, ein Meisterwerk des 12. Jhs der Glockenturm. Im Musée de la Faience kann man Geschmack finden für den Souvenirkauf in den Boutiquen.
**Office de Tourisme**
**Tel. 04 92 74 67 84, www.ville-moustiers-sainte-marie.fr**

(G 4) **Quinson** (s. S. 62)

(K 3) **Entrevaux**
Festungsbaumeister Vauban machte den Ort im 17. Jh. uneinnehmbar. Eine Rampe zieht sich zickzackförmig zur Zitadelle. Zur „Fête Mediévale", (alle zwei Jahre, nächster Termin: August 2007), leuchtet sie nachts wie ein Blitz.

## Nationalpark

**Vallée des Merveilles**
Über fast 70 000 Hektar erstreckt sich der Parc National du Mercantour entlang der französisch-italienischen Grenze. Die attraktivsten Ziele liegen am Fuß des Mont Bégo: Vallée des Merveilles und Vallée de Fontanalbe mit den 4000 Jahre alten Felszeichnungen. Waffen und Werkzeuge, Rinder und Menschen, bis heute nicht gültig gedeutet.

Vom **Lac des Mesches** etwa 3 Stunden zum **Refuge des Merveilles (Tel. 049 30 46464)**, von **Casterino** knapp 2 Stunden zum **Refuge de Fontanalbe (Tel. 04 93 04 89 19).**
*Von dort Führungen. Exkursionen nur von Juli bis September.*
**(I 2-M 3)**

MERIAN | OLIVENÖL

# Pfefferiger Abgang

## Ölivenöl aus der Provence – große Klasse

Nur 5000 Tonnen Olivenöl pro Jahr erzeugen die Ölmüller in der Provence, 0,25 Prozent der EU-Gesamtmenge. Dafür zählen ihre Erzeugnisse zu den besten Europas. Die Oliven werden zum größten Teil in Gebieten kontrollierter Herkunft (AOC wie bei Wein) geerntet. Provence-Öle schmecken fast immer mildfruchtig – sie eignen sich deshalb als delikate Würzmittel für die Salatvinaigrette oder für Marinaden (ausgezeichnet für frischen Ziegenkäse wie „Picandou"), aber weniger für das Braten in der Pfanne. Die wichtigsten Olivensorten der Provence sind **Aglandau, Grossane, Picholine, Salonenque** und **Verdale.** Die Öle duften auffällig nach Früchten (gelbe Äpfel, Zitronen), oft auch nach reifen Tomaten und nach Honig. Am Gaumen dominieren süße Aromen von Mandeln.
Die besten Ölproduzenten sind zurzeit René Quenin (Mas des Barres in Maussane-les-Alpilles), der aus der Schweiz zugewanderte Rémy Reboul (Château d'Estoublon), Graf Jean-René de Fleurieu (Château de Montfrin), Nico und Roxanne Derni (Mas des Bories in Salon-de-Provence) und, herausragend, Jean-Benoît Hugues (Castelas in Les-Baux-de-Provence). Hugues ist derzeit der innovativste französische Ölproduzent. Durch modernste Produktionstechniken und den – in der Region unüblichen – peniblen Baumschnitt sowie sorgfältige Bewässerung erzeugt er ein Olivenöl, das weltweit immer wieder höchste Preise gewinnt. Hugues Spitzenöl „Castelas" begeistert mit intensiven Noten von frisch gemähtem Gras, Tomaten, Estragon, Lauch und Minze, mit kräftigem, intensiv fruchtigem Geschmack und pfefferigem Abgang. Dieses Top-Öl verfeinert wunderbar gegrillten oder sautierten Edelfisch oder Krustentiere.

*Kersten Wetenkamp*

**Der Herr der schwarzen Früchte: Jean-Benoît Hugues aus Les Baux**

Adressen: Castelas, Mas de l'Olivier,
(C 4) Les-Baux-de-Provence, Tel. 04 90 54 50 86;
Moulin du Mas des Barres, Quartier de Gréoux,
(C 4) Maussane-les-Alpilles, Tel. 04 90 54 34 59;
Mas des Bories, Vieille Route de Pelissanne,
(D 5) Salon-de-Provence, Tel. 04 90 56 03 65;
Château d'Estoublon, Route de Maussane,
(B 5) Arles, Tel. 04 90 54 64 00;
Château de Montfrin, (B 4) Montfrin, Tel. 04 66 57 54 33

(E 5) Aix-en-Provence
### Les Deux Garçons
Es sind mehr als zwei Kellner, die hier filmreif umherwirbeln. Der verspiegelte Speisesaal aus dem Jahre 1792 steht unter Denkmalschutz und ist ein Traum der Empire-Epoche. Der neue Besitzer Michel Mehdi hat aus dem verstaubt-arroganten Laden wieder eine vitale Brasserie mit ebensolcher Küche gemacht. Ganz Aix sitzt samstags auf der Terrasse.
**53, Cours Mirabeau**
**Tel. 04 42 26 00 51**
**contact@les2garcons.com**
**www.les2garcons.com**
*Kein Ruhetag, Hauptgerichte 30-60 €, Chefkoch: Michel Mehdi.*

(E 4) Apt
### Bernard Mathys
Zwei dezent möblierte Speiseräume in einer kleinen Villa. Statt winziger *amuse-gueules* auf Puppenküchengeschirr eine große Ravioli aus zartem Teig mit Pilzfüllung und Morchelschaum – perfekt. Sehr schön gebraten der Loup de Mer mit provenzalischen Gemüsen. Beim Früchtegratin haben ausgereifte Himbeeren aus dem Luberon Vorrang vor Mango und Co.
**Gargas, Le Chêne**
**Tel. 04 90 04 84 64**
*nur Abendessen, Di, Mi geschl., Hauptgerichte 30-50 €, Chefkoch: Bernard Mathys*

(B/C 5) Arles
### La Chassagnette
Jean-Luc Rabanel hat die Tapas-Kultur in die Camargue verpflanzt. Der Kräuter- und Gemüsegarten rings um das Lokal ist eine Augenweide, die Küche zaubert aus diesen Produkten (darunter 40 verschiedene Tomatensorten) ein Feuerwerk für den Gaumen. Die zwölf *tapas camarguaises* sind alle so lecker und indivuell zubereitet, dass man sie sich als Hauptgang wünscht und auf Fisch und Fleisch verzichten könnte. Die Weinkarte beweist: Auch die Côte de Provence erzeugt mittlerweile gute Tropfen.
**Route du Sambuc (D 36)**
**Tel.04 90 97 26 96**
**jrl@cusinetc.com**
*Sommer: Di und Mi mittag geschl., Winter: Di, Mi geschl., (Nov.-Mitte Dez. geschl.), Hauptgerichte 30-55 €, Chefkoch: Jean-Luc Rabanel*

**Luxus an der langen Bank: Brasseri**

(D 3) Bédoin
### Le Mas des Vignes
Der Weg zu diesem schönen Landhaus, 5 km außerhalb des Ortes und in 600 Meter Höhe, ist nicht leicht zu finden: Richtung Ventoux, nach dem Dorf Saint-Estèphe geht es den Berg hinauf. Terrasse mit grandiosem Blick auf den Mont Ventoux. Feine Gerichte, unprätentiös und schmackhaft, preiswerte regionale Weine.
**Route du Mont Ventoux**
**Tel. 04 90 65 63 91**
**lemasdesvignes@aol.com**
*Di mittag und Mo geschl., (Nov.-März geschl.), Hauptgerichte 15-20 €, Chefkoch: Yann de Coëtlogon*

(H 7) Bormes-les-Mimosas
### L'Escoundido
„Versteckter Winkel" bedeutet der Name des einfachen Dorflokals. Jakobsmuscheln parfümiert mit Ingwer und Koriander, Angelwolfsbarsch *à la provençale* und zartes Lamm (Keule und Carré) – vom jungen Mathias Dandine mit Sorgfalt und Können zubereitet. Der Sommelier hat die passenden Weine. Netter Service.
**2, Ruelle du Moulin**
**Tel. 04 94 71 15 53**
**www.lescoundido.com**
*Juni-Sept. Di geschl., Sept.-Mai Di, Mi geschl., (Ende Nov.-Mitte Dez. und Feb. geschl.), Hauptgerichte 50-58 €, Chefkoch: Mathias Dandine*

„es Deux Garçons" in Aix-en-Provence

(G 3) Château-Arnoux-Saint-Auban
**La Bonne Ètape**
Haute Cuisine der Hochprovence bei Familie Gleize mit Kräutern und Gemüsen aus eigenem Garten. Die mit mildem Knoblauch gespickte und mit Thymian überkrustete Lammschulter – ein Fest für die Sinne. Klassische, aufwändige Desserts und großartige Provence-Weine.
**Im Hôtel La Bonne Étape**
**Chemin du Lac**
**Tel. 04 92 64 00 09**
**bonneetape@relaischateaux.fr**
**www.bonneetape.com**
*Nov.-März Mo, Di geschl., Hauptgerichte 26-40 €, Chefkoch: Jany Gleize*

(C 4) Eygalières
**Le Bistrot d'Eygalières – Chez Bru**
Kressecreme mit Austern, mit Speck gespickter Seeteufel in Rosmarinbouillon, La Ratte-Kartoffeln mit Parma-Schinken und Herbsttrüffeln. Die immer tagesfrische Küche des Belgiers Wout Bru hat Klasse, angesichts des schlichten Interieurs liegen die Menüpreise manchmal schwer im Magen.
**Rue de la République**
**Tel. 04 90 90 60 34**
**sbru@club-internet.f,**
*www.chezbru.com, Okt.-Juni So abend geschl., Juni-Okt. Di mittag und Mo geschl. (Jan.-Mitte März geschl.), Hauptgerichte 32-40 €, Chefkoch: Wout Bru*

(L/M 4) Èze
**Château de la Chèvre d'Or**
Blick von der Terrasse über die halbe Côte d'Azur. Entenleber, in zwei Gängen serviert mit Schinken, Trüffeln und Feigen, Variationen von Tomaten längst vergessener Sorten mit betörenden Aromen, und ein großes, festes Stück Seezunge mit Tintenfisch à la Plancha gebraten mit Mesclun-Salat.
**Rue du Barri**
**Tel. 04 92 10 66 66**
**reservation@chevredor.com**
**www.chevredor.com**
*2. März-Mitte Nov. geöffnet, im März Mi geschl., Hauptgerichte 68-160 €, Chefkoch: Philippe Labbe*

(G 7) Giens
**Le Poisson Rouge**
Hier kocht Richard Cordier eine schnörkellose, doch raffinierte Fischküche (Bouillabaisse) – dazu bietet das 2005 renovierte Restaurant am Hafen eine herrliche Aussicht.
**Presqu'Île de Giens, Port du Niel**
**Tel. 04 94 58 92 33**
*Mai-Sept. Mo-So, im Winter So abend und Mo geschl., (Jan. geschl.), Chefkoch: Richard Cordie*

(H 7) Le Lavandou
**Les Roches**
Hier kann man's aushalten: Die Îles d'Hyères am Horizont, eine kühle Brise auf der Haut. Benjamin Collombat kocht puristisch-mediterran, abends im Panoramarestaurant, direkt überm Meer, mittags an der Terrasse. Topfrische Salate, Mittelmeerfische vom Tagesfang, 100 Gramm ab 15 Euro.
**Av. des-Trois-Dauphins**
**Tel. 04 94 71 05 07**
**info@hotellesroches.com**
**www.hotellesroches.com**
*Jan. geschl., Hauptgerichte 30-40 €*

(H 5) Lorgues
**Chez Bruno**
Nichts geht hier ohne oder gar über Trüffel. Sechs Tonnen der kostbaren Knollen werden im Lokal des freundlichen Riesen Bruno jedes Jahr verarbeitet. Beispiel: Der mit Speck bardierte *tuber melanosporum* mit Foie gras im Blätterteig und *Sauce bordelaise truffée*. Schöne Sommerterrasse auf der kühleren Nordseite.
**Route Arcs**
**Tel. 04 94 85 93 93**
**chezbruno@wanadoo.fr**
**www.restaurantbruno.com**
*15. Sept.-15. Juni So und Mo geschlossen, Chefkoch: Gérard Puigdellivol.*

(K 5) Mandelieu-la-Napoule
**L'Oasis**
Der zauberhafte Innenhof entschädigt für den fehlenden Hafenblick. Im Restaurant der drei Brüder Raimbault ist jede Speise ein Gesamtkunstwerk.
**Rue Jean Honoré Carle**
**Tel. 04 93 49 95 52**
**oasis@relaischateaux.com**
**www.oasis-raimbault.com**
*kein Ruhetag, Hauptgerichte 44-55 €, Chefkoch: Stéphane Raimbault.*

(E 6) Marseille
**Le Café des Épices**
Patron Arnaud de Grammont machte seine Koch-Erfahrungen in den USA und der französischen Sterne-Gastronomie. Sein „Café3" direkt hinter dem Rathaus besitzt nur eine winzige offene Küche, einen Speiseraum im Bistro-Stil, eine Terrasse auf dem Gehweg. Täglich wechselnde Asia- und Mittelmeergerichte.
**Rue du Lacydo**
**Tel. 04 91 91 22 69**
**cafedesepices@yahoo.fr**
*Sa mittag, So geschl. (Aug. geschl.), Hauptgerichte 19-30 €, Chefkoch: Arnaud de Grammont*

(E 6) Marseille
**Une Table au Sud**
Keine Terrasse – im Sommer einziges Manko dieses Restaurants am alten Hafen. Doch die Küche von Lionel Lévy, Schüler von Alain Ducasse, macht das mehr als wett: harmonische Gerichte im modernen Stil, etwa süß-saure Langustinen mit Honig und Koriander.
**Quai du Port**
**Tel. 04 91 90 63 53**
**unetableausud@wanadoo.fr**
**www.unetableausud.com**
*So, Mo geschl., Hauptgerichte 15-23 €, Chefkoch: Lionel Lévy*

(M 4) Monaco
**Le Louis XV-Alain Ducasse**
Mit seiner Orgie aus Blattgold, Marmor, Stuck und Antiquitäten das wohl beeindruckendste Lokal der Côte. Franck Cerutti heißt der monegassische Statthalter von Alain Ducasse. Legendär sind die

MERIAN | TIPP

**Die Zugnummer**
Korkenziehergeschichte ist Menschheitsgeschichte. Findet jedenfalls die internationale Gemeinde der Korkenziehersammler. Einige tausend stöbern auf Floh-, Antik- und Internet-Märkten nach Korkenziehern, cork-screws und tire-bouchons. Helixophile Sammler finden, dass man an kaum einem anderen Produkt den technischen Fortschritt ablesen kann. Große Geister haben sich seit dem 17. Jh. damit befasst, den Korken ebenso elegant wie rückstandsfrei aus dem Flaschenhals zu entfernen, und so ziemlich jede Zunft ließ ihre Besten basteln: Hufschmiede, Schreiner, Riemer, Gebissmacher, Goldschmiede und Büchsenmacher, denn der Korkenzieher entwickelte sich offenbar aus dem Gewindebohrer zum Entfernen von Vorderlader-Geschossen aus dem Lauf der Waffe. Eines der wichtigsten Korkenzieher-Museen der Welt befindet sich mitten in der Provence. Das Musée du Tire-Bouchon in **Ménerbes** präsentiert gut 1500 Exponate aus Gold, Silber, Bronze, Plastik und Elfenbein. Auch in Deutschland huldigen Korkenziehersammler(www.korkenzieher-freunde.de) dem wohl nützlichsten Instrument der Welt: Oberzieher heißt ihr Präsident, der Schriftführer Schriftzieher und der Schatzmeister Geldzieher. Neuerdings bieten auf Auktionen immer mehr Japaner mit, doch die fanatischsten Sammler sind Briten. Addicts nennen sich dort die Helixophilen – Süchtige.

**(D 4) Musée du Tire-Bouchon**
**Domaine de la Citadelle**
**Ménerbes, Tel. 04 90 72 41 58**
**domainedelacitadelle**
**@wanadoo.fr**

**Zum Öffnen fast zu schade**

Vom Netz in den Korb auf den Tisch: Rare Schätze aus dem Mittelmeer

## MERIAN | TIPP

### La vraie Bouillabaisse

Ein Hort der echten Bouillabaisse ist das „Miramar" am alten Hafen von Marseille. Erst 2003 hat Christian Buffa das Traditionslokal übernommen, eine der besten Adressen für die Bouillabaisse. Der junge Küchenchef zählt zu den ersten Unterzeichnern einer Charta, mit der sich Restaurants verpflichten, Qualitätskriterien für die Luxus-Fischsuppe einzuhalten – zum Beispiel nur frischen Fisch aus dem Mittelmeer zu verwenden. Bei Christian Buffa bedeutet das: ein Prachtexemplar des Drachenkopfs, ein Knurrhahn, ein Petermännchen, ein Seeteufel und ein Sankt-Petersfisch. Genauso wichtig: die Bouillon mit viel Öl, Salz aus der Camargue, Safran, Knoblauch, Zwiebel, Tomaten – und einem Viertel Pastis. Die zur Bouillabaisse servierte Rouille besteht aus Knoblauch, Piment, Salz, Safran, Pfeffer, etwas Wasser und wieder viel Öl. Übrigens: Eine echte Bouillabaisse wird ohne Languste oder Meeresfrüchte serviert.

Adressen in Marseille:
**Miramar, 12, Quai du Port**
**Tel. 04 91 91 41 09**
**Chez Fonfon, 140, Rue du Vallon des Auffes,**
**Tel. 04 91 52 14 38**
**Chez Michel, 6, Rue des Catalans, Tel. 04 91 52 30 63**
**Le Pavillon, 23, Place Thiar**
**Tel. 04 91 55 58 04**

Über das Office du Tourisme, Tel. 04 91 13 89 00, können Bouillabaisse-Kochkurse bei Christian Buffa vereinbart werden.

franko-italienischen Gerichte wie Stockfisch-Innereien mit Perugina-Würstchen oder Muscheln und Felskrake mit Pasta. Exzellente Weinkarte.
**Monte Carlo**
**(im „Hôtel de Paris")**
**Place du Casino**
**Tel. 003 77-98 06 88 64**
**lelouisxv@alain-ducasse.com**
**www.alain-ducasse.com**
*Di, Mi geschl., Hauptgerichte 56-154 €, Chefkoch: Alain Ducasse.*

(H 4) Moustiers-Sainte-Marie
### La Bastide de Moustiers
Zum Restaurant gehören drei Salons und ein kleines Zimmer mit nur einem Tisch für zwei. Gemüse, Früchte und Salate stammen aus dem eigenen Garten. Pissaladière mit Sardinen oder Pasta mit Schnecken und Mangold sind Beispiele der schnörkellosen Küche des jungen Eric Santalucia. Das Menü wechselt täglich.
**Chemin de Quinson**
**Tel. 04 92 70 47 47**
**contact@bastide-moustiers.com, www.bastide-moustiers.com,**
*Jan.-März, Mo, Di und Mi geschl., Chefkoch: Eric Santalucia*

(L 4) Nizza
### Kei's Passion
„Kei", das ist Keisuke Matsushima, kommt aus Japan und kocht französisch auf die verspielte Art. Foie Gras im Kartoffelcroustillant oder das Rinder-Millefeuille sind Beispiele für seine Kreativität. Kei hat auch den japanischen Sinn für absolut frische Zutaten und präzise Zubereitung. Platz für nur wenige Gäste. Reservieren!
**22 ter, Rue de France**
**Tel. 04 93 82 26 06**
**ksuke1220@aol.com**
**www.keispassion.com**
*Mo mittag und Sa mittag und So geschl., Hauptgerichte 29-39 €, Chefkoch: Keisuke Matsushima*

(C 4) Noves
### Auberge de Noves
Eine der schönsten Sommerterrassen der Region! Robert Lalleman junior ist nach einer Kochtour um die halbe Welt zurückgekehrt. Mit Gerichten wie „Hummer aus dem Kaminfeuer" oder Reh und Foie gras, gegrillt mit Thymian bringt er die herrschaftliche Auberge wieder unter die guten Adressen. Exzellenter Weinkeller.
**Route de Château Renard**
**Tel. 04 90 24 28 28**
**resa@aubergedenoves.com**
**www.aubergedenoves.com**
*April-Dez. Sa mittag geschl., Dez.-März Mo-Fr nur Abendessen, (Nov.-Mitte Dez. geschl.), Hauptgerichte 26-52 €, Chefkoch: Robert Lalleman*

(E 4) Roussillon
### David
Im Anblick der berühmten Ockerfelsen schmeckt die lust- und kraftvolle Provence-Küche von Emmanuel Champion. Jungen Kabeljau serviert er mit rotem Camargue-Reis. Noch gute Preise.
**Place de la Poste**
**Tel. 04 90 05 60 13**
**le.clos.de.la.glycine@wanadoo.fr**
**www.luberon-hotel.com**
*Mi geschl., Hauptgerichte 31-45 €, Chefkoch: Emmanuel Champion.*

(I 6) Sainte-Maxime
### La Belle Aurore
Das Restaurant mit beeindruckendem Blick auf den Golf hat seinen Ruf weiter gefestigt als beste Adresse in weitem Umkreis. Das ist Jérôme Zueras zu danken. Seine leichte Küche überzeugt mit authentischen Aromen und präzise gegarten Gerichten. Perfekte Rotbarben mit Risotto und Rauke oder ein in der Kasserolle gegartes Täubchen.
**Bd. Jean-Moulin**
**Tel. 04 94 96 02 45**
**info@belleaurore.com**
**www.belleaurore.com**
*Mi geschl., Chefkoch: Jérôme Zueras*

(I 6) Saint-Tropez
### Résidence de la Pinède
Der Belgier Arnaud Donckele (war vorher bei Lasserre, Ducasse und Guérard) kocht originelle mediterrane Küche: Ravioli mit Artischocken, Foie gras und schwarzen Trüffeln oder delikat geschmorten Wolfsbarsch, mit Muscheljus und Fenchelgemüse.Die Serviceleistungen schwanken.
**Plage de la Bouillabaisse**
**Tel. 04 94 55 91 00**
**reservation@residencepinede.com**
**www.residencepinede.com**
*kein Ruhetag (5. Okt.-15. April geschl.), Hauptgerichte 28-49 €, Chefkoch: Arnaud Donckele*

(H 5) Tourtour
### Les Chênes Verts
Paul Bajade, Girardet-Schüler, ist seit 30 Jahren die Seele dieses Hauses mit der himmlischen Aussicht. Der ausgezeichnete Service bringt ein famoses *menu dégustation* mit klarem *accent du midi*. Witzige *amuse-gueules*, knackige Doraden, gut gewürztes Lamm, verführerische Desserts.
**Route de Villecroze**
**Tel. 04 94 70 55 06**
*So abend und Di, Mi geschl., Hauptgerichte 30-68 €, Chefkoch: Paul Bajade*

(D 2) Vaison-la-Romaine
### Le Moulin à Huile
Einst Ölmühle an der Ouvèze. Auf schattiger Terrasse genießt man, was Robert Bardot zaubert: Jakobsmuscheln mit Kokosmilch,Rotbarbe mit Minze und Piment, St. Petersfisch mit Knoblauch und Korianderöl.
**1, Quai du Maréchal-Foch**
**Tel. 04 90 36 20 67**
**info@moulin-huile.com**
**www.moulin-huile.com**
*So abend und Mo geschl.*

(E 5) Aix-en-Provence
**Les Quatre Dauphins**
Ruhiges Hotel in der Altstadt. Die kleinen Zimmer (2004 renoviert) verteilen sich auf die drei Etagen des über 200 Jahre alten Hauses und sind dezent provenzalisch eingerichtet.
54, Rue Roux-Alphéran
Tel. 04 42 38 16 39
lesquatredauphins@wanadoo.fr
*13 Zi., DZ ab € 70*

(E 5) Aix-en-Provence
**Villa Gallici**
Luxuriöse Villa zehn Fußminuten vom Zentrum, drei Hektar Garten. Jedes Zimmer ist individuell ausgestattet, die Wände sind mit groß gemusterten Stoffen bespannt. Einige Räume verfügen über besonders gepflegte Bäder, etwa mit frei stehender Wanne. Pflanzenumwachsenes Schwimmbad. Terrasse und Restaurant.
Avenue de la Violette
Tel. 04 42 23 29 23
gallici@relaischateaux.com
www.villagallici.com
*22 Zi., 4 Suiten, Suiten ab 400 €, DZ ab 345 €*

(B/C 5) Arles
**Hôtel de l'Amphithéâtre**
Perfekt restauriertes Patrizierhaus aus dem 17. Jh. Vom Belvedere Blick auf Altstadt und Rhône. Guter Service.
5-7, Rue Diderot
Tel.04 90 96 10 30
contact@hotelamphitheatre.fr
www.hotelamphitheatre.fr
*25 Zi., 3 Suiten ab 95 € DZ ab 59 €*

(C 5) Arles/Le Sambuc
**Le Mas de Peint**
Aus einer schon 1602 erbauten Camargue-Rinderfarm wurde ein preisgekröntes Landhotel de luxe. Das Haus liegt bei Le Sambuc südlich von Arles. Liebevoll restaurierte Zimmer und Suiten. Deftige Provence-Küche mit Fleisch von eigenen Stieren. Sympathischer Service. Reitausflüge möglich, Hunde willkommen. Ein Pool lädt zur Erfrischung.
Tel. 04 90 97 20 62
contact@masdepeint.com
www.masdepeint.com
*8 Zi., 3 Suiten, Suiten ab 335 €, DZ ab 205 €*

(E 4) Bonnieux
**La Bastide de Capelongue**
Zwischen Apt und Cavaillon liegt das charmante, familiär geführte Landhotel mit 20 Zimmern im Provence-Stil, von einigen Blick auf das Städtchen. Ruhe, heiteres Ambiente, Pool.
Les Claparèdes
Tel.04 90 75 89 78
contact@capelongue.com
www.capelongue.com
*17 Zi., DZ ab 220 €*

(D/E 2) Buis-les-Baronnies
**L'Ancienne Cure**
Charaktervolles Gästehaus im Herzen von Buis (Chambres et tables d'hôtes), direkt neben der Kirche, den Höhenzug der Baronnies im Blick. Im Gebäude aus dem 15. Jh. hübsche Zimmer mit Patina, ruhiger Garten und kleine provenzalische Gerichte.
2 Rue du Paroir
Tel. 04 75 28 22 08
contact@ancienne-cure.com
www.ancienne-cure.com
*6 Zi., 2 Suiten, Suiten ab 92 € DZ ab 80 €*

(K 5) Cannes
**Cavendish**
Etwas abseits der Croisette liegt dieses Haus von anno 1897 mit britischer Note. Die eigentliche Attraktion ist der Service, man hat Sinn für 1001 Details: So werden abends die Kissen mit dezentem Lavendelduft besprüht. Achtung: Der Boulevard Carnot ist eine zentrale Verkehrsader.
11, Bd. Carnot
Tel. 04 97 06 26 00, reservation @cavendish-cannes.com
www.cavendish-cannes.com
*35 Zi., DZ ab 160 €*

(D 3) Carpentras
**Hôtel du Fiacre**
Familiäres Hotel im Zentrum. Nur ein Zimmer im früheren Kloster geht zur Straße, alle anderen zum ruhigen Patio.
153, Rue Vigne
Tel. 0033-04 90 63 03 15
contact@hotel-du-fiacre.com
www.hotel-du-fiacre.com
*17 Zi., ab € 65*

(E 6) Cassis
**Les Roches Blanches**
Traumlage. Um 1890 auf einen Felsen über dem Meer gebaut, mit Blick auf das Cap Canaille. Von der Terrasse geht's durch den Garten zum Hausstrand. Familie Dellcasse kümmert sich seit drei Generationen um die Gäste.
Route des Calanques
Tel.04 42 01 09 30
hotel@roches-blanches-cassis.com
www.roches-blanches-cassis.com
*24 Zi., DZ ab 200 €*

(G 3) Château-Arnoux-Saint-Auban
**La Bonne Étape**
Die Gastfreundschaft der Familie Gleize ist legendär. Luxushotel im Durance-Tal. Der Pool liegt zwischen Zypressen und Olivenbäumen. Zum Frühstück hausgemachte Konfitüren und Lavendelhonig. Abgeschlossener Parkplatz.
Chemin du Lac
Tel. 04 92 64 00 09
bonneetape@relaischateaux.fr
www.bonneetape.com
*11 Zi., 7 Suiten, Suiten ab 280 €, DZ ab 140 €*

(D 3) Crillon-le-Brave
**Hostellerie de Crillon**
Oberhalb des Dorfes, bestehend aus mehreren Häusern und einem schönen Garten hinter Mauern aus Naturstein. Blick auf den nahen Mont Ventoux. Die Zimmer sind mit erlesenen Stoffen in zarten Farben ausgestattet. Großer Pool.
Place de l'Église
Tel. 04 90 65 61 61
crillonbrave@relaischateaux.com
www.crillonlebrave.com
*24 Zi., 8 Suiten, Suiten ab 300 €, DZ ab 155 €*

## Essdolmetscher

**Aïoli** Knoblauch-Mayonnaise zur Fischsuppe Bouillabaisse
**Anchoïade** Anchovispaste mit Olivenöl und Knoblauch
**Banon** Milder Ziegenkäse aus der Haute-Provence, speziell dem Ort Banon
**Brousse** Leichter, cremiger Schafskäse
**Calisson** Mandelgebäck aus Aix-en-Provence, wird in eine Oblate gebettet und mit Zuckerguss überzogen
**Daube** Schmortopf von Rindfleisch und Gemüse
**Farigoule** Thymian-Likör
**Fougasse** (oder *pompe à huile*) Brotspezialität aus Weizenmehl im Ofen gebacken
**Gardianne** Stierfleisch, in Rotwein eingelegt, langsam gekocht
**Génépy** Verdauungslikör der Bergbewohner
**Mesclun** Zusammenstellung aus verschiedenen Salatsorten (Chicoree, Rautenkohl, Kerbel, Portulak)
**Navette** Knüppeltrockene Gewürz-„Schiffchen" mit Orangenblüten aus Marseille
**Pissaladière** eine Art Pizza mit Zwiebeln, Anchovis und schwarzen Oliven
**Pistou** Würzpastete aus Knoblauch, Basilikum und Olivenöl
**Rouille** rote Knoblauchmayonnaise mit Paprika, Safran, Olivenöl – oft zur Fischsuppe
**Tapenade** Purée aus schwarzen Oliven, Kapern, Knoblauch, Öl

**Noblesse oblige: „Villa Gallici" in Aix-en-Provence**

Aus Baden über Kalifornien in die Provence: Winzer Fischer

MERIAN | WEIN

# Stress gibt Saft und Kraft

## Besuch bei einem Öko-Winzer in der Provence

Acht Uhr morgens, Mitte Juli. Es ist kalt in diesem Zipfel der Provence – gerade mal neun Grad. „Warten Sie's ab", sagt **Winzer Peter Fischer,** „heute mittag haben wir 30 Grad." **Jouques** heißt die Gemeinde, in deren Nähe sein **Château Revelette** liegt. Der **Mont Sainte-Victoire** weiter im Süden, der **Luberon** im Norden, **Aix-en-Provence** mindestens eine halbe Autostunde entfernt – was lockt einen Deutschen aus Baden, der im kalifornischen Napa Valley Weinbau studiert hat, in diese Ecke? „Die Provence war seit jeher mein Ziel", erzählt er, „und damals, 1985, wurden gerade viele Güter angeboten." Entschieden hat er sich für Revelette wegen der **Syrah-Reben,** die schon standen, und wegen des Wetters. „Hier herrscht das kühlste Klima der Provence", sagt er, „Temperaturunterschiede von 20 Grad am Tag sind normal." Das mögen die Trauben, den Besucher dagegen fröstelt's.

Peter Fischer erlaubt sich den Luxus, von seinem 90 Hektar großen Grundstück nur 25 mit Reben zu bepflanzen. „Mehr soll's auch nicht werden", sagt er. Er ist sein eigener Kellermeister, hat nur drei ganzjährig angestellte Arbeiter und eine Halbtagssekretärin – das war's. Sandra, die Tochter des Vorbesitzers, ist heute Frau Fischer, kümmert sich um die Buchhaltung und mit ihrem Mann zusammen um die beiden Kinder Klara (8) und Hugo (6). Zwölf Hektar hat Peter Fischer von seinem späteren Schwiegervater übernommen, die andere Hälfte neu gepflanzt. Durchschnittlich sind die Stöcke 30 Jahre alt. „Die tragen weniger als junge, aber wir bekommen sehr gehaltvolle Weine", sagt Fischer.

Mit dem Méhari, einem kleinen, offenen Citroën-Kübelwagen, geht's auf holprigen Wegen durch die Weinberge. „Hier unten ist Schwemmland", erklärt der Winzer, „hier wachsen Reben für den Tafelwein." Der geht im BiB in die Dorfkneipen, im *Bag in the box*, dem Plastikschlauch im Pappkarton. Weiter oben, auf etwa 400 Meter Höhe, bietet der Boden mehr. Steinig ist es hier, die Reben müssen sich anstrengen, um zum Wasser zu kommen. Dieser Stress ist gewollt, die Weine werden dadurch kraftvoller. Auch das Kraut, das Fischer in jeder zweiten Reihe zwischen den Rebzeilen stehen lässt, trägt dazu bei: Der Wuchs der einzelnen Stöcke wird eingedämmt, die Kraft geht in die Trauben. Ein Ausdünnen der Blätter sowie eine *vendange verte*, das bei vielen Qualitätswinzern übliche Herausschneiden von grünen Trauben im Sommer, praktiziert Fischer fast nie. „Dann muss man vorher irgendwo einen Fehler gemacht haben", meint er. Hinzu kommt, dass die Pflanze sich den Eingriff merkt. „Sie kompensiert ihn dann durch zusätzliche Triebe und Blätter." Fischers Credo: „Die Rebe soll sich selbst entwicklen." Hochgespannt hat er die Drahtrahmen, an denen die Pflanzen emporklettern. Denn die Trauben sollen mehr Luft und Sonne bekommen. „So reifen sie eine Woche früher – und der Wein hat später ein Prozent mehr Alkohol."

Drei Viertel der Weinberge sind mit roten Sorten bepflanzt, außer zwei Rotweinen entsteht auch Rosé daraus. Doch „Grands Vins" gibt es bei Château Revelette nur als Weißen und Roten. Rosé wird ausschließlich als „Château-Wein" produziert, leicht, frisch und jung zu trinken – keineswegs zu vergleichen mit der Plörre, die besonders an der Küste häufig ins Glas kommt. Die hat viel zu lange das Bild der Provence geprägt. Zunehmend werden jedoch großartige Rotweine produziert, vom kleinen Anbaugebiet Bellet bei Nizza im Osten bis Les Baux und St-Rémy im Westen. „Im Unterschied zum Weingebiet Rhône gibt es bei uns keine Hierarchie der Lagen", erläutert Fischer, „jede Appellation hat ihren eigenen Stil, ist aber dadurch nicht besser oder schlechter als andere." Es komme auf den Boden an, das Klima – und bei jedem einzelnen Wein natürlich auf die Arbeit des Winzers. Eine Appellationsbezeichnung garantiere nicht automatisch Qualität, aber zumindest eine gewisse Sicherheit für den Weinkäufer. Auf Fischers Weinetiketten steht A.O.C. Coteaux d'Aix-en-Provence. „So ist garantiert, dass die Trauben von hier stammen und nach den Regularien der Region, zum Beispiel bei uns höchstens 60 Hektoliter pro Hektar, verarbeitet werden." Bei Nicht-AOC-Weinen hilft für die Grobeinteilung in gut und schlecht noch der Hinweis „Mis en bouteille au Château". Fehlt der, handelt es sich in der Regel um eine anonyme Massenabfüllung. Auch „Contrôle Écovert" hat Peter Fischer auf seinen Etiketten stehen. Bio-Anbau ist für ihn selbstverständlich. Gedüngt werden seine Weinberge mit Schafsmist, zur Regeneration der Reben hat er selber eine Jauche aus Brennessel, Algen

Rot werden mit dem Beistand der Sonne

und Schachtelhalm hergestellt. Dazwischen leuchtet es blau-grün: „Bordelaiser Brühe", ein Pflanzenschutzmittel auf Basis von Kupfervitriol – im Öko-Weinbau international angewandt. In Jahren mit viel Regen oder gar Hagel setzt er es in geringen Mengen ein, um den Falschen Mehltau zu verhindern. Ökologisches Engagement endet bei Fischer nicht mit der Arbeit im Weinberg: Für die **Artists for Nature** stellt er Weine zur Verfügung, deren Verkaufserlöse internationalen Umweltprojekten zugute kommen. Und die Vorstellungen, die er für seine Reben entwickelt, setzt er im Keller fort. Kein Edelstahl ist hier zu sehen, er bevorzugt Betontanks, die sind temperaturstabil. Außerdem: „Edelstahl ist statisch geladen, dadurch kommt der Wein nicht zur Ruhe und kann nicht atmen", sagt Fischer. 600 Liter des Jahrgangs 2004 hat er jetzt in ein neues Behältnis gelegt, das auf historische Weinamphoren zurückgeht: ein **Zement-Ei. Daniel Schlaepfer** hat es konstruiert, der Pionier für biologischen Anbau und Winzer auf Gut L'Anzières in Les Baux. Von ersten Ergebnissen ist Fischer begeistert: „Der Wein ist fruchtig, rund, konzentriert und sehr rein." Jetzt will er zehn neue Eier kaufen. Drei Viertel der Produktion von Château Revelette bestehen aus den **Château-Weinen,** der Weiße aus Trauben von **Ugni blanc, Rolle und Sauvignon blanc,** der Rosé überwiegend aus **Grenache,** dazu **Cinsault** und **Syrah,** der Rote zur Hälfte aus Syrah, dazu Grenache und **Cabernet Sauvignon.** Alle ohne fremde Hefen vergoren, im Betontank gereift, dann – wenn überhaupt – mit Eiweiß geschönt und unfiltriert auf Flaschen gefüllt.
Der **Grand Blanc** (nur aus **Chardonnay**) liegt zum Teil sieben Monate im Eichenfass, hat daher neben den frischen, würzigen Aromen auch feine Honignoten. Peter Fischer reicht danach ein Glas vom **Grand Rouge,** dem 2004er, „ein sehr schöner Jahrgang", sagt er, „den können Sie ohne Probleme zehn Jahre bei sich im Keller liegen lassen." Zwölf Monate reift der in gebrauchten Barriques. So hat er keine aufdringliche Holznote, dafür sanfte Tannine, viel Extrakt, Frische, Würze und Frucht. „Vom 2005er erwarte ich Großes", freut sich Fischer, „der wird fast so gut wie der grandiose 2000er."
Die Mittagssonne steht mittlerweile hoch am Himmel. Heiß ist es geworden, 32 Grad. Das mögen die Trauben.

*Jürgen Zichnowitz*

(F 3) Forcalquier
**Charembeau**
Landhotel etwas außerhalb im behutsam restaurierten Bauernhaus aus dem 18. Jh. Frühstück mit dem Besten aus der Region: Honig, Früchte, Fromage blanc. Kein Restaurant, auf Wunsch Imbiss. Weitläufiger Park, beheizter Pool und Fahrradverleih auch für Radler mit gehobenen Ansprüchen.
**Route de Niozelles**
**Tel. 04 92 70 91 70**
**contact@charembeau.com**
**www.charembeau.com**
*22 Zi., Suiten ab 82 €, DZ ab 66 €*

(F 6) Gémenos
**Bastide Relais de la Magdeleine**
Schlösschen im grünen Hinterland von Cassis und Toulon aus dem 18. Jh., eines der schönsten der Provence. Wird seit 1932 von Familie Marignane als elegantes Hotel geführt. Weitläufige Salons und Zimmer wurden mit viel Geschmack im antiken Provence-Stil gestaltet. Park mit großen Platanen und Pool. Der Speisesaal ist ein weiteres Schmuckstück. Respektable Saisonküche.
**Rond Point de la Fontaine (R.N. 396), Tel. 04 42 32 20 16**
**contact@relais-magdeleine.com**
**www.relais-magdeleine.com**
*24 Zi., 1 Suite, 1 App., DZ ab 95 €*

(G 6) La Celle
**L'Abbaye de la Celle**
Die einstige Abtei ist unter der Regie von Alain Ducasse zu einem sehr angenehmen kleinen Hotel umgewandelt worden. Zimmer im restaurierten Hauptgebäude und in Bungalows. Wir empfehlen „Général de Gaulle". Zuvorkommender Service, feines Frühstück, auch im Freien.
**Place du Général-de-Gaulle**
**Tel. 04 98 05 14 14**
**contact@abbaye-celle.com**
**www.abbaye-celle.com**
*5 Zi., 1 Suite, 4 App., DZ ab 230 €*

(D 2) Mérindol-les-Oliviers
**Auberge La Gloriette**
Inbegriff eines französischen Dorfgasthofes. Morgens wird man von Vogelgezwitscher und Croissant-Düften geweckt. Die Zimmer sind einfach, aber alle mit Bad und eigener Toilette. Ringsum Weinberge, Aprikosen- und Olivenbäume.
**Tel.04 75 28 71 08**
**auberge.gloriette@free.fr**
*8 Zi., DZ ab 53 €*

(L 4) Nizza
**La Pérouse**
Die größte Attraktion ist der Blick auf die Engelsbucht. Alle Zimmer im provenzalischen Stil.
**11, Quai Rauba-Capeu**
**Tel. 04 93 62 34 63**
**lp@hotel-la-perouse.com**
**www.hotel-la-perouse.com**
*58 Zi., 4 App., DZ ab 150 €*

(D 3) Pernes-les-Fontaines
**L'Hermitage**
Madame hält ihr schmuckes Landhotel garni in Schuss. Die Zimmer sind nicht riesig, aber gut ausgestattet. Weitläufiger Park, großzügiger Pool, ein Extralob für das Frühstück: die Marmeladen, Kuchen und der Clafouti aux Cérises.
**Route de Carpentras**
**Tel. 04 90 66 51 41, hotel.lhermitage @libertysurf.fr, www.hotel-lhermitage.com/** *20 Zi., DZ ab 74 €*

(E 4) Saignon
**Auberge du Presbytère**
Am Dorfbrunnen liegt dieses bald

**Geht's noch schöner? „Les Roches Blanches" in Cassis**

# INFO TRÜFFEL, HOTELS

**Verlockung in der Pelle: Würste von Dorelle et Milhau in Arles**

MERIAN | TIPP

## 1000 Euro das Kilo

### So viel kosten Trüffel – die kostbaren Pilze, die unter Eichen sprießen, werden selten

Es geht leise zu auf dem winterlichen **Markt von Richerenches,** schnell und heimlich wechseln ein paar Scheine den Besitzer, Fremde werden misstrauisch beäugt – es könnten ja Finanzbeamte sein. Denn niemand hier denkt daran, seine Einnahmen zu versteuern. Viel ist es nicht, was die meist älteren Männer im kleinen Ort – von der Autobahnausfahrt Bollène Richtung Valréas – anbieten. Nur einen kleinen Korb haben sie vor sich stehen, doch darin das wertvollste Gut aus provenzalischem Boden: **Tuber melanosporum,** auf Deutsch Trüffel. Um 1900 wurden selbst in schlechten Jahren noch mehr als 1000 Tonnen gefunden, heute sind es gerade mal 20. „Die Trockenheit ist schuld", sagt Winzer Jean-Marc Premier im nahen **Suze-la-Rousse,** der wegen der Krise im Weinbau Zimmer an Touristen vermietet, „aber wir sind auch selbst schuld." Immer mehr Reben wurden gepflanzt, dafür Eichen gerodet – zu deren Füßen die Trüffel wachsen. „Welche Rolle die Umweltverschmutzung spielt, weiß man nicht genau", sagt Jean-Marc, „vieles ist noch nicht erforscht." Gedüngter Boden wirkt tödlich für die Knollen, Schafherden in den Wäldern sind Trüffelfreunden ein Gräuel. Mit speziell **trainierten Hunden** geht es auf die Suche. Extrem teuer sind die und werden daher gern mal geklaut. Kenner ahnen, wo die *rabasses*, so der provenzalische Name, zu finden sind. *Brûlis,* graslose Flecken unter den Bäumen, sind ein Indiz. Auch kleine rote Fliegen deuten auf einen möglichen Fundort hin. **Weißeichen,** die immergrünen **Steineichen,** weiter nördlich sogar **Haselnussbäume** sind die Wirte der begehrten Knollen. Und um nicht zu lange auf bessere Sammelergebnisse warten zu müssen, werden junge Pflanzen jetzt mit dem Pilz geimpft. So können bereits nach sieben Jahre Trüffel wachsen. Oder auch nicht – Trüffel haben längst nicht alle ihre Mysterien preisgegeben.

*Jürgen Zichnowitz*

**Trüffelsuch-Team: Hundchens Nase findet für Herrchen die Knolle**

Infos über die Märkte: Maison de Truffe et du Tricastin
Saint-Paul-Trois-Châteaux, Tel. 04 75 96 61 29 (C 2)
Wohnen auf dem Weingut: Lo Rastelié, Jean-Marc Premier,
Suze-la-Rousse, Tel. 04 75 04 81 70 (C 2)
Trüffelrestaurant: La Beaugravière, Mondragon
Tel. 04 90 40 82 54 (C 2)

500-jährige Haus mit frisch renovierten Zimmern, zwei mit Terrassen. Gelungene provenzalische Einrichtung. Anspruchsvoll und günstig zubereitete Mittelmeer-Menüs.
**Place de la Fontaine**
**Tel. 04 90 74 11 50**
**auberge.presbytere@wanadoo.fr**
**www.auberge-presbytere.com**
*30 Zi., DZ ab 55 €*

(E 3) Saint-Saturnin-lès-Apt
**Domaine des Andéols**
Ein Hotel, das eigentlich ein restauriertes Dorf ist, ein Muss für Design-Hotel-Schwärmer. Viel erlesene Kunst und subtiler Komfort. Kein Ort für Geizige.
**Les Andéols**
**Tel. 04 90 75 50 63**
**info@domaine-des-andeols.com,**
**www.domainedesandeols.com,**
*19 Zi., 9 App., DZ ab 210 €*

(E 3) Sault
**Hostellerie du Val de Sault**
Das Hotel ist noch schöner und komfortabler geworden, Suite 23 das Nonplusultra an Wellness. Windgeschützter Pool, auch Sauna. Ruhe unterm Sternenhimmel.
**Route des Saint-Trinit**
**Tel. 04 90 64 01 41**
**valdesault@aol.com**
**www.valdesault.com** *11 Zi., 5 Suiten ab 230 €, DZ ab 169 €*

(C 2) Sérignan-du-Comtat
**Le Pré du Moulin**
War im 18. Jh. eine Mühle, später Dorfschule. Elegante Zimmer, klassische Küche der Region wie Foie gras von der Ente oder Ravioli von Trüffeln und Artischocken.
**Route de Ste-Cécile-les-Vignes**
**Tel. 04 90 70 14 55**
**predumoulin@libertysurf.fr**
**www.predumoulin.com**
*11 Zi., 1 Suite, DZ ab 110 €*

(K 4) Thorenc
**Auberge de la Ferme**
Geheimtipp für jung Verliebte oder späte Romantiker. In diesem Haus am Waldrand kann man zu jeder Jahreszeit ausspannen. Familiäre Atmosphäre. Die Chefin kocht selbst. Gute Preise.
**1450 Route de Castellane**
**Tel. 04 93 60 00 95**

(L 4) Vence
**La Maison du Frêne**
Im Herzen der Altstadt, Luxus und individueller Service zu erschwinglichem Preis. Die Bäder sind bis zu 20 qm groß, die Zimmer mit vielen Antiquitäten und DVD-Player ausgestattet. Telefonate innerhalb Frankreichs und Drinks gratis.
**Place du Frêne**
**Tel. 04 93 24 37 83**
**lamaisondufrene@wanadoo.fr**
**www.lamaisondufrene.com**
*4 Suiten ab € 140*

(C 2) Rochegude
**Château de Rochegude**
Majestätisch überragt das Château den kleinen Ort in der Drôme. Der historische Bau wurde einst von den Künstlern renoviert, die für Marie-Antoinette in Versailles das kleine Trianon erbauten. Auch Viollet-le-Duc, dem Notre-Dame in Paris das heutige Erscheinungsbild verdankt, legte Hand an. Heute kann man hier fürstlich wohnen. Zehn Hektar Park. Trüffel-Weekends in der Saison.
**Place du Château**
**Tel.04 75 97 21 10**
**chateauderochegude@wanadoo.fr,**
**www.chateauderochegude.com**
*23 Zi., DZ ab 136 €*

**>> Restaurants und Hotels sind Empfehlungen der Redaktion „Der Feinschmecker" im Jahreszeiten Verlag**

(E 4) Aix-en-Provence
**Santons Fouque**
Den Geniestreich in der Geschichte der Krippenfigurenmacher landete Paul Fouque 1952 mit dem „Coup de Mistral". Die Figur eines Schäfers, der dem eisigen Nordwind trotzt, fehlt in keiner provenzalischen Krippe. Neben der heiligen Familie stehen die Lavendelschneiderin, die Frau mit der Fougasse und der Calisson-Bäcker in der Gunst der Käufer.
65, Cours Gambetta
Tel. 04 42 26 33 38
www.santons-fouque.com
*Jan.-Nov. Mo-Sa 9-12, 14-18*
*Dez. 9-12, 14-18.30*
*sowie So 10-12, 15-18 Uhr*

(E 4) Aix-en-Provence
**Calissons Léonard Parli**
Die besten Calissons stammen immer noch vom Parli: Das verführerische Gebäck aus Mandeln und Melonen geht in schönen, mandelförmigen Geschenkpackungen über die Theke.
35, Avenue Victor-Hugo
Tel. 04 42 26 05 71

(B/C 5) Arles
**Dorelle et Milhau**
Die beste „Saucisson d'Arles", in der Traditionsmetzgerei mit dem mageren Fleisch von Camargue-Stieren hergestellt. Ebenfalls köstlich sind Charcuterie und Caillettes (Mangoldbällchen).
11, Rue Réattu
Tel. 04 90 96 16 05
*Mo geschl.*

(E 4) Bonnieux
**Etablissement Vernin**
Die Carreaux mit Stempel „F. Vernin France" gibt es in über 100 Farben. Die Wand- und Bodenfliesen gelten als unverwüstlich – die Denkmalschützer kauften bei Vernin für ihre Restaurierungen im Palast der Päpste von Avignon.
N 100, Tel. 04 90 04 63 04
www.carreaux-d-apt.com
*Mo-Sa 9-12, 14-18 Uhr*

(I 6) Cogolin
**Manufacture des Tapis de Cogolin**
Teppiche mit kubistischen Mustern sind das Aushängeschild der 90 Jahre alten Manufaktur, die die Villen von Saint-Tropez, aber auch das Weiße Haus und den Elysée-Palast beliefert.
6, Boulevard Louis-Blanc
Tel. 04 94 55 70 65
*Mo-Do 8-12, 14-18 Uhr*
*Fr nur bis 17 Uhr*

(F 3) Forcalquier
**Distilleries et Domaines de Provence**
Seit 1898 produziert die Schnapsbrennerei ihren Haus-Pastis Marke „Henri Badoin". Weitere hochprozentige Spezialitäten sind Gentiane de Lure (Enzianlikör), Rinquinquin (Pfirsichaperitif), Farigoule (Thymian-Apéritif).
Avenue Promasse
Tel. 04 92 75 15 41
www.distilleries-provence.com
*Apr.-Dez. Mo, Mi-Sa 9-12, 14-18 Uhr, Juli-Aug. außer So Nachmittag 9-19 Uhr*

(C 4) Graveson
**Le Mas de Luquet**
Zum Gehöft gehören 4000 Feigenbäume mit 150 Sorten. Von September bis Anfang November werden die frischen Früchte verkauft, das ganze Jahr über Feigenkompott.
713, Chemin du Mas de la Musique
Tel. 04 90 95 72 03
www.lesfiguieres.com
*Mo-Sa 8-12, 15-19 Uhr*

(C 4) Graveson
**La Ciergerie des Prémontrés**
1905 übernahmen die Boulard die klösterliche Kerzenmanufaktur des Prämonstratenserordens. Der Familienbetrieb blieb der guten alten Tauchtechnik treu. Neben Kerzen auch Heilige und Zikaden aus buntem Wachs.
2, Av. du Lieutenant Francois Atger
Tel. 04 90 95 71 14
*Mo-Fr 8-12, 14-19, Sa 15-19, So 14-18 Uhr*

(E 4) Lourmarin
**Côté Bastide**
Bad-, und Körperpflegeartikel aus Naturprodukten (Hanf, Leinen, Mimose) sowie Hauswäsche und Kleinmöbel im nüchtern eleganten Bastide-Stil.
5, Rue du Grand Pré
Tel. 04 90 08 57 92

(E 6) Graveson
**Le Four des Navettes**
Die älteste Bäckerei von Marseille verkauft seit 1781 die knüppeltrockenen, mit Orangenblüten ver-

**Damit die Motten Reißaus nehmen: Lavendel im bunten Säckchen**

## Schönheitspflege

### Ein Trumm von edler Seife

Nostradamus, der selbst ernannte Prophet im 16. Jahrhundert, hat nicht nur Katastrophen vorausgesagt, sondern sein Geld auch mit Liebeselixieren und Gesundpülverchen verdient. Solcherlei Körperkultur hat also Tradition im Städtchen Salon-de-Provence. Im 19. Jahrhundert haben sich reich gewordene Seifenmacher aus dem Stilkatalog ihr Viertel mit Renaissance- und Klassizismushäusern bebauen lassen. Die meisten Unternehmen gibt es nicht mehr. In der **Savonnerie Marius Fabre** jedoch sind die kupfernen Kessel noch in Betrieb. Hier wird duftende Savon de Marseille hergestellt. Das ist viel mehr als nur eine Seife – schließlich besteht der grüngelbe Block aus 72 Prozent Olivenöl. Außerdem gibt es Toilettenseifen mit Lavendel oder Mimose.

**(D 5)** Salon-de-Provence
**148, Avenue Paul Bourret**
**Tel. 04 90 53 24 77**
**www.marius-fabre.fr**
*Mo-Do 9.30-12 und 14-17.30*
*Fr nur bis 16.30 Uhr*

feinerten Navettes (Gewürzkuchen), deren Form an das Schiffchen erinnert, mit dem, so die Legende, die Heilige Maria Magdalena einst an der Küste der Provence gestrandet sein soll.
**136, Rue Sainte**
**Tel. 04 91 33 32 12**
*7-19 Uhr*

(C 4) Maussane-les-Alpilles
**Moulin des Barres**
Das Olivenöl der AOC Vallée des Baux ist von grandios ausgewogener Fruchtigkeit. Zum Mitnehmen empfiehlt sich der 3-Liter-Kanister.
**Quartier de Gréoux**
**Tel. 04 90 54 44 32**
*tägl. 9-12, 14-18 Uhr*

(M 4) Menton
**L'Arche des Confitures (Maison Herbin)**
Neun verschiedene Zitronenkonfitüren stehen im Angebot, darunter mit Eukalyptus oder Rosmarin. Ansonsten gibt es Tomate mit Ingwer, Feige mit Orangenblüten oder Rosenblättergelee – selbstverständlich ohne Farb- und Konservierungsstoffe!
**2, Rue du Vieux-Collége**
**Tel. 04 93 57 20 29**

(G/H 5) Moissac-Bellevue
**René Ghiglione**
Die Weiden für die handwerklich perfekten Korbwaren pflanzt René Ghiglione selbst an. Rund um das Atelier sprießen alle Weidensorten, die er für Körbe und Kiepen benötigt.
**Les Terres Longues, Chemin du Plan**
**Tel. 04 94 60 16 52**
*10.30-12, 14.30-18.30 Uhr*

(H 4) Moustiers-Sainte-Marie
**Faience Bondil**
Der Familienbetrieb ist auf klassische Moustiers-Fayencen mit Motiven aus dem 18. Jahrhundert spezialisiert. In Handarbeit entstehen barocke Grotesken, Chinoiserien, Galanterien und Revolutionsmotive im Bleu de Clérissy.
**Place de l'Église**
**Tel. 04 92 74 67 02**
*9.30-19 Uhr*

(L 4) Nizza
**Fenocchio**
Der beste Glacier der Côte d'Azur führt 70 hausgemachte Eis- und Sorbetsorten – Steinpilz, Tomate-Basilikum bis Mandel, Pflaume, Ingwer…
**Place Rossetti**
**Tel. 04 93 80 72 52**
*Nov.-Jan. geschl.*

(D 2) Nyons
**Moulin Dozol-Autrand**
Olivenöl von der in den Barronies beheimateten Sorte Tanche: mild, fruchtig und mit AOC-Label. Dazu Tapenade und Olivencracker – herrlich.
**4, Promenade de la Digue**
**Tel. 04 75 28 03 30**

(E 4) Roussillon
**Ôkhra**
Natürliche Farbpigmente für Hobbymaler (und -anstreicher) aus den in allen Rot-, Gelb- und Ockertönen leuchtenden Gruben im Vallon des Fées.
**Usine Mathieu, D 104**
**Tel. 04 90 05 66 69**
**www.okhra.com**
*Sommer tgl. außer Mo morgen 9-19 Uhr, Winter bis 18 Uhr*

(E 4) Saignon
**Le Potager d'un Curieux**
Aus dem „Gemüsegarten eines Neugierigen" von Jean-Luc Danneyrolles werden alte Gemüse- und Blumensorten verkauft: Rapunzel, Pimpernell, grüner oder goldener Portulak.
**La Molière, Tel. 04 90 74 44 68**
*Mo-Fr 9-12, 14-18 Uhr*

(C 4) Saint-Étienne-du-Grès
**Les Olivades**
Provenzalische Stoffdrucke in alten Techniken. Die Jouy-Jagdmotive, galanten Szenen oder „Vier Jahreszeiten" gehen auf Museumssammlungen und die Ausstattung der Barockpalais von Aix-en-Provence zurück.
**Chemin des Indienneurs**
**Tel. 04 90 49 19 19**
**www.olivades.fr**
*Mo-Fr 9-12.30 Uhr, 14-18, Sa 10.30-17 Uhr, Jan.-März geschl.*

(C 4) Saint-Rémy-de-Provence
**Joel Durand**
Pralinen mit Safran, Jasmin, Earl Grey oder Thymian – was der aus der Bretagne stammende Chocolatier zubereitet, ist hinreißend.
**3, Boulevard Victor-Hugo**
*Mo geschl.*

(E 3) Sault
**Nougat Boyer**
„Le vrai Nougat de Sault" ist ein plombenfreundlicher, weil weicher Nougat aus Lavendelhonig, gebrannten Mandeln und Bourbon-Vanille. Boyer hilft auch der französischen Nationalversammlung gegen drohende Unterzuckerung.
**Portes des Aires**
**Tel. 04 90 64 00 23**

(K 4) Tourrettes-sur-Loup
**Confiserie des Gorges du Loup**
Seit 1949 stellt die Confiserie kandierte Früchte und Konfitüren (Rosenblattkonfitüre!) her, auch Sirup in den Geschmackssorten Klatschmohn, Melone, Orangenblüte, Veilchen.
**Le Pont-du-Loup**
**Tel. 04 93 59 32 91**
**www.confiserieflorian.com**
*9-12, 14-18.30 Uhr*

(D 2) Vaison-la-Romaine
**Boucherie Charcuterie Daniel Millet**
Tout le monde kommt in die Metzgerei deftigen alten Stils – und nicht nur wegen der mit Oliven gespickten Wurst Le Pontias, die man mit Kartoffelsalat isst.
**14, Place Monfort**
**Tel. 04 90 36 05 76**

MERIAN-Straßenkarte
PROVENCE
ITALIEN
Alpes-Maritimes
Côte d'Azur
Parc National du Mercantour
Digne-les-Bains
Barcelonnette
Embrun
Chorges
Savines-le-Lac
Jausiers
Larche
St-Paul-sur-Ubaye
Pra-Loup
Le Sauze
Allos
Colmars
La Javie
Barles
Seyne
Selonnet
St-Étienne-de-Tinée
Auron
Isola 2000
Valberg
Beuil
Guillaumes
St-Sauveur-sur-Tinée
St-Martin-Vésubie
Roquebillière
Lantosque
Utelle
Tende
La Brigue
Saorge
Breil-sur-Roya
Sospel
Entrevaux
Puget-Théniers
Annot
St-André-les-Alpes
Thorame-Basse
Barrême
Senez
Castellane
Moustiers-Ste-Marie
Aiguines
Trigance
Bargème
Comps-s.-Artuby
Grand Canyon du Verdon
Route Napoléon
Levens
L'Escarène
Peïra-Cava
Contes
Peillon
Peille
Roquebrune
Menton
Ventimiglia
Monaco
Monte-Carlo
La Turbie
Èze
Villefranche-sur-Mer
Beaulieu-sur-Mer
St-Jean-Cap Ferrat
Cap Ferrat
Nice (Nizza)
Aéroport Nice-Côte d'Azur
Cagnes
Vence
St-Paul-de-Vence
Tourrettes-sur-Loup
Coursegoules
Le Bar-sur-Loup
Gorges du Loup
Grasse
St-Vallier-de-Thiey
Saint-Cézaire-sur-Siagne
Plascassier
Mougins
Valbonne
Biot
Villeneuve-Loubet
La Brague
Marineland
Antibes
Vallauris
Juan-les-Pins
Golfe-Juan
Cap d'Antibes
Le Cannet
Cannes
Mandelieu-la-Napoule
Îles de Lérins
Miramar
Agay
Massif de l'Esterel
Fréjus
St-Raphaël
St-Aygulf
Ste-Maxime
St-Tropez
Port-Grimaud
Grimaud
Cogolin
Gassin
Ramatuelle
Cap Camarat
La Croix-Valmer
Cavalaire-sur-Mer
Rayol-Canadel
Bormes-les-Mimosas
Le Lavandou
Collobrières
La Garde-Freinet
Massif des Maures
Le Luc
Besse-sur-Issole
Pierrefeu-du-Var
Draguignan
Le Muy
La Motte
Les Arcs-sur-Argens
Roquebrune-sur-Argens
Lorgues
Entrecasteaux
Tourtour
Aups
Callas
Bargemon
Seillans
Fayence
Tourettes
Châteaudouble
Camp Militaire de Canjuers
Îles d'Hyères
Porquerolles
Port-Cros
Î. du Levant
Parc National
Brüssel
Köln
Paris
Nantes
Atlantischer Ozean
FRANKREICH
SCHWEIZ
Genf
Lyon
Bordeaux
ITALIEN
Genua
Montpellier
Nîmes
Marseille
Nizza
MONACO
ANDORRA
SPANIEN
Barcelona
Mittelmeer
s. Straßenkarte

## Zeittafel

**um 600 v. Chr.** Massalia (Marseille) wird von den Griechen gegründet, später Olbia (Hyères), Nikaia (Nizza) und Monoïkos (Monaco).
**125 v. Chr.** Marseille erbittet Schutz der Römer. Die gründen 122 v.Chr. auch Aix-en-Provence.
**121 v. Chr.** Die Römer werden Namensgeber der Provence: „Provincia Gallia Narbonensis".
**ab 27 v. Chr.** Unter Kaiser Augustus ökonomische Blütezeit. Forum Julii (Fréjus) und Arausio (Orange) entstehen.
**3.-5. Jh.** Erste Klostergründungen.
**536** Die Franken schaffen sich über die Rhônemündung Zugang zum Mittelmeer. Beginn der Frankenherrschaft.
**ab 8. Jh.** Invasionen der Sarazenen.
**879-933** Die Provence bildet zusammen mit Südburgund das Königreich Arelat.
**1034** Anschluss der Provence an das Heilige Römische Reich.
**1309-76** Sieben Päpste residieren in Avignon, von 1328 bis 1417 die Gegenpäpste.
**16. Jh.** Religionskriege. Massaker an Protestanten im Luberon.
**1720** Mehr als 100 000 Menschen sterben an der Pest.
**1860** Die Grafschaft Nizza kommt an Frankreich.
**1869** Marseille wird bedeutendste Hafenstadt des Mittelmeers.
**1933** Beginn der Rhône-Kanalisierung.
**1943** Deutsche Truppen zerstören das Hafenviertel von Marseille.
**1946** Premiere des Filmfestivals von Cannes.
**1962** Algerien wird unabhängig. Emigration vieler Franzosen („Pieds-noirs") und ihrer algerischen Hilfssoldaten („Harkis"), vor allem in den Raum Marseille.
**1981** TGV-Verbindung nach Marseille wird eröffnet.
**2003** „Jahrhundertflut" im Rhônetal.

## DIE SCHÖNSTEN STRÄNDE

Zwischen Rhônedelta und Nizza gibt es auf rund 600 Küstenkilometern Strände aller Art: klein und gemütlich, groß und mondän; Sandstrände, Kiesstrände oder kleine Buchten zwischen Felswänden. Tipps von West nach Ost.

### Plage de Beauduc
**Camargue (B 6)** Am Ende des sumpfigen Rhônedeltas: endlose, weiße Sandstrände, z. B. Plage de Beauduc 17 Kilometer westlich von Salin-de-Giraud. Beliebt bei Surfern.

### Plage de Sainte-Croix
**Carro (D 6)** Wenige Kilometer westlich von Marseille sind die Strände der Côte Bleue in der Woche weitgehend leer. Kleine Buchten zwischen Carro und Carry-le-Rouet.

### Plage de la Grande Mer
**Cassis (E 6/7).** Schöner Strand gleich neben dem Hafen von Cassis. Gute Tauchmöglichkeiten, auch für Anfänger. Eine Alternative in der Hochsaison: der Kiesstrand Plage du Corton.

### Plage de Bonnegrâce
**Six-Fours-les-Plages (F 7)**
Mehrere Buchten auf der Halbinsel vor Toulon, zwischen Sanary-sur-Mer und Six-Fours-les-Plages. Besonders schön: Plage de Bonnegrâce. Nach windigen Tagen im Herbst sind die Wellenreiter hier in ihrem Element.

### Plage de l'Almanarre
**Giens (G 7)** Lange Sandstrände auf der Halbinsel von Giens. Auch ein Surfparadies.

### Plage Notre-Dame
**Porquerolles, Îles d'Hyères (H 7)**
Wunderschöne Sandstrände an der Nordküste von Porquerolles. Die östlichste der drei Inseln, Île du Levant, gehört traditionell den Nackedeis.

### Plage du Pellegrin
**Bormes-les-Mimosas (H 7)**
Mit Plage de l'Estagnol und Plages de Cabasson ein prächtiges Buchten-Trio. Von der D 559 führt eine Nebenstraße im rechten Winkel zur Küste (bewachte Parkplätze).

### Plage Saint-Clair
**Le Lavandou (H 7)**
Insgesamt zwölf Strände, der erste beginnt direkt am Yachthafen. Glasklares Wasser an der Plage Saint-Clair.

### Plage de Pampelonne
**Saint-Tropez (I 6)**
Der Treffpunkt des Jetsets: ein fünf Kilometer langer Sandstrand bei Ramatuelle.

### Plage d'Agay
**Agay (K 5)** Eine tief eingeschnittenen Bucht, ideal zum Schnorcheln. Weitere kleine Buchten in Richtung Miramar.

### Plage de la Croisette
**Cannes (K 5)** Sehen und gesehen werden: Plage de la Croisette an der berühmten Uferpromenade von Cannes.

**Zeitreise in die Römerstadt Glanum bei Saint-Rémy-de-Provence**

1 Mont Ventoux
2 Montagne de Lure
3 Avignon
4 Luberon
5 Plateau de Valensole
6 Lac de Sainte-Croix
7 Grand Canyon du Verdon
8 Étang de Vaccarès
9 Crau
10 Étang de Berre
11 Marseille
12 Toulon
13 Presqu'Île de Giens
14 Saint-Tropez
15 Îles de Lérins
16 Cap d'Antibes
17 Nizza
18 Monaco

## AUSKUNFT

### Informationen
**In Deutschland:**
Französisches Fremdenverkehrsamt
Maison de la France
Zeppelinallee 37
60325 Frankfurt/Main
info.de@franceguide.com
de.franceguide.com
**In Südfrankreich:**
Comité régional de Tourisme Provence–Alpes–Côte d'Azur
BP 46214, 13567 Marseille Cedex 2, Tel. 04 91 56 47 00
information@crt-paca.fr
www.decouverte-paca.fr
In fast jedem Fremdenverkehrsort der Provence und an der Côte d'Azur gibt es ein Office de Tourisme, das auch Kartenmaterial und Übernachtungsadressen zur Verfügung stellt. Das Tourismusbüro in Marseille liegt direkt am alten Hafen:
Office de Tourisme de Marseille
4, La Canebière
Tel. 04 91 13 89 00
www.marseille-tourisme.com
Mo-Sa 9-19.30, Sonn- und Feiertage 10-17 Uhr

### Anreise
Air France und Lufthansa fliegen nach Nizza und Marseille. Die Billigflieger Germanwings, Easyjet und DBA nach Nizza, Hapagfly nach Marseille und Ryanair nach Montpellier. Mit dem Zug fährt man über Paris

C
D
E
F
G
Drôme
Hautes-Alpes
Vaucluse
Bouches-du-Rhône
Var
Mittelmeer
Montélimar
La Bégude-de-Mazenc
Dieulefit
Donzère
Grignan
Pierrelatte
St-Paul-Trois-Châteaux
Valréas
Richerenches
Nyons
Baronnies
Rémuzat
La Motte
Valdrôme
Col de Cabre
Aspres-sur-Buëch
Veynes
Gap
Tallard
Route Napoléon
Serres
Barcillonnette
Rosans
Turriers
Orpierre
Laragne-Montéglin
La Motte-du-Caire
Suze-la-Rousse
Tulette
Bollène
Rochegude
Mondragon
Mornas
Ste-Cécile-les-Vignes
Sérignan-du-Comtat
Suzette
Séguret
Vaison-la-Romaine
Crestet
Mérindol-les-Oliviers
Buis-les-Baronnies
Saint Auban-s.-l'O.
Sainte-Colombe
Ribiers
Sisteron
Authon
Aulan
Séderon
Noyers-sur-Jabron
Curel
Montbrun-les-Bains
Signal de Lure
Montagne de Lure
Volonne
Château-Arnoux-Saint-Auban
Orange
Gigondas
Dentelles de Montmirail
Malaucène
La Roque-Alric
Mont Ventoux
Vacqueyras
Beaumes-de-Venise
N.D. d'Aubune
Le Barroux
Bédoin
Crillon-le-Brave
Sainte-Colombe
Aurel
Sault
Courthézon
Châteauneuf-du-Pape
Bédarrides
Loriol-du-Comtat
Mormoiron
Rocher du Cire
Carpentras
Villes-sur-Auzon
Roquemaure
Monteux
N.D. de Vie
Javon
St-Christol
Banon
St-Étienne-les-Orgues
Notre Dame de Lure
Peyruis
Les Mées
Rochers des Mées
Abbaye de Ganagobie
Villeneuve-lès-Avignon
Avignon
Grotte de Thouzon
Pernes-les-Fontaines
Venasque
Baptisterium
Plateau de Vaucluse
Simiane-la-Rotonde
Saint-Saturnin-lès-Apt
Rustrel
Fontaine-de-Vaucluse
Abbaye de Sénanque
Gordes
Observatoire de Haute Provence
Mane
Forcalquier
Niozelles
N.D. des Anges
Sauvan
St-Michel
Oraison
Barbentane
Le Thor
L'Isle-sur-la-Sorgue
Roussillon
N.D. de Lumières
Goult
Apt
Colorado
Reillanne
Châteaurenard
Noves
Parc Naturel Régional du Luberon
Céreste
Manosque
Puimoisson
Valensole
Riez
St-Marcellin
La Montagnette
Graveson
Maillane
Robion
Cavaillon
Lacoste
Pont Julien
Prieuré de St-Symphorien
Saignon
Buoux
Fort de Buoux
Mourre Nègre
Ménerbes
Bonnieux
Tarascon
Les Antiques (Glanum)
St-Rémy-de-Provence
Eygalières
Orgon
Oppède-le-Vieux
Cheval-Blanc
Montagne du Luberon
Lourmarin
Cucuron
Cadenet
La Tour-d'Aigues
Mirabeau
Chaîne des Alpilles
St-Sixte
Sénas
St-Gabriel
Les Baux-de-Provence
Fontvieille
Maussane-les-Alpilles
Grottes de Calès
Abbaye de Silvacane
Pertuis
Gréoux-les-Bains
N.D. des Œufs
Musée de Pré-hist.
Quinson
Basses Gorges du Verdon
Ginasservis
Arles
Saint Martin-de-Crau
Salon-de-Provence
Lambesc
Chât. Bas
La Barben
Chaîne de la Trévaresse
Meyrargues
Peyrolles-en-Provence
Jouques
La Verdière
Moissac-Bellevue
Plaine de la Crau
Miramas
Lançon-Provence
Saint-Cannat
Rians
Tavernes
Barjols
St-Chamas
Aix-en-Provence
Vauvenargues
Montagne Ste-Victoire
La Groix de Provence
Puyloubier
Cotignac
Sambuc
Grand Rhône
Istres
Étang de Berre
Aqueduc
Les Milles
Châteauvert
St-Maximin-la-Ste-Baume
Fos-sur-Mer
St-Mitre-les-Remparts
Berre-l'Étang
Marseille-Provence
Marignane
Vitrolles
Chaîne de Vitrolles
Cabriès
Gardanne
Trets
Brignoles
Salin-de-Giraud
Port-St-Louis-du-Rhône
Golfe de Fos
Martigues
Port-de-Bouc
Chaîne de l'Estaque
Chaîne de l'Étoile
Ch. de la Gayole
La Celle
La Celle Abbaye
La Ste-Baume
Massif de la Ste-Baume
St-Pilon
La Roquebrussanne
Carro
Carry-le-Rouet
Parc Régional Marin de la Côte Bleue
Marseille
Allauch
Roquevaire
Aubagne
Gémenos
Parc de St-Pons
Ch. de Montrieux-le-Jeune
Cuers
Château d'If
Ste-Anne-du-Castellet
Jas de Laure Serra
Callelongue
Grotte Cosquer
Les Calanques
Cassis
Le Castellet
Le Beausset
Solliès-Pont
Solliès-Ville
La Ciotat
Île Verte
Bandol
Saint-Cyr-sur-Mer
Ollioules
Toulon
Sanary-sur-Mer
La Seyne-sur-Mer
Six-Fours-les-Plages
Les Sablettes
Îles des Embiez
Giens
Alger, Oran, Bejaia
Annaba, Tunis, Skikda
Ajaccio, Bastia, Propriano
Porto Tórres, Porto-Vecchio
Ajaccio, Bastia, Calvi, Porto Tórres, Propriano
Rhône
Durance
Verdon
Buëch
Jabron
Ouvèze
Eygues
Roubion
Nesque
Coulon
Calavon
A7
A8
A9
A50
A51
A52
A54
A55
A570
E15
E80
E712
E714
N7
N8
N85
N100
N113
N560
N568
N569
N570
N75
D94
1606
1180
1645
1313
1825
1435
1909
1068
968
1826
872
1054
1125
945
781
830
1147
994
705
218
826
801
ll
u
ne in m), Pass
enze
ngsgrenze
n
raße
ehrsstraße
aße
raße
g in km

oder Genf, von dort mit dem TGV in drei bzw. vier Stunden bis Marseille. Autofahrer sollten für die Strecke Mulhouse-Marseille ca. 45 € Mautgebühren *(péage)* einplanen. Komfortabel: Autozüge fahren von Mai bis Oktober nach Avignon und an die Côte (z.B. Hamburg – Fréjus: Pkw und 2 Personen 400 bis 630 €).

## Übernachten

Hotels werden in Frankreich mit ein bis vier Sternen ausgezeichnet, Luxushotels an der Küste gibt es ebenso reichlich wie stilvolle Landhotels mit Ferienwohnungen im Landesinneren, z. B. „Une Campagne en Provence" bei Bras (Appartement für 4 Personen 550 bis 840 €/Woche, www.provence4u.com). Die französische Variante des Bed & Breakfast: „Gîtes" und „Chambres d'hôtes" – meist private Unterkünfte, aber mit hohem Komfort (www.gites-de-france.fr). Campingplätze kosten in der Hauptsaison für 2 Personen bis 30 € pro Nacht.

## Telefon und Notruf

Vorwahl für Frankreich: 00 33. Erste Hilfe: 15; Polizei: 17; Feuerwehr: 18

## Behinderte

Spezielle Einrichtungen sind selten. Rumpelige Gassen werden oft problematisch. Für 5,30 € verschickt die Association des Paralysés de France ihren „Guide Vacances" mit behindertengerechten Urlaubs- und Unterkunftsempfehlungen. **APF, 17 boulevard Auguste Blanqui, 75013 Paris, Tel. 01 40 78 69 00, www.apf.asso.fr**

## Diebstahl

Die Provence ist nicht nur ein Paradies für Urlauber, sondern auch für Diebe. Das gilt für die Strandparkplätze zwischen Marseille und Cannes ebenso wie für scheinbar verlassene Parkplätze in einsamen Schluchten oder an Kletterfelsen im Landesinneren. Wenn Sie Ihr Auto abstellen, nehmen Sie unbedingt alle Wertgegenstände mit. Machen Sie deutlich, dass sich nichts mehr im Auto befindet – zum Beispiel, indem Sie das geleerte Handschuhfach offen lassen.

## Leihwagen

Kleinwagen können ab 55 €/Tag fast überall gemietet werden. Für den sechs- bis hundertfachen Preis verleiht die Firma Elite Cabrios und Luxusmodelle von Aston Martin bis Lamborghini. Nizza, 6, Avenue de Suède, Tel. 04 92 14 77 77 www.eliterent.com

## Reisezeit

Die Côte d'Azur war einmal das klassische Winterreiseziel der europäischen High Society. Heute kommen im Winter kaum Touristen. Die schönste Zeit ist der Frühling, wenn das Land blüht; ab Ende Mai werden die Wassertemperaturen angenehm, ab Juli die Lufttemperaturen unangenehm, trotzdem ist die Küste vor allem während der französischen Sommerferien (Juli bis September) überlaufen. Manche Provence-Urlauber schwören auf den Herbst, doch der kann auch mal verregnet sein, gerade im bergigen Hinterland.

## Termine

Filmfestspiele in Cannes im Mai (www.festival-cannes.org), Theaterfestival Avignon (www.festival-avignon.com) und Opernfestival in Aix-en-Provence im Juli (www.festival-aix.com). Wallfahrt in Les Saintes-Maries-de-la-Mer: 24./25. Mai. Nationalfeiertag ist der 14. Juli.

## Orte



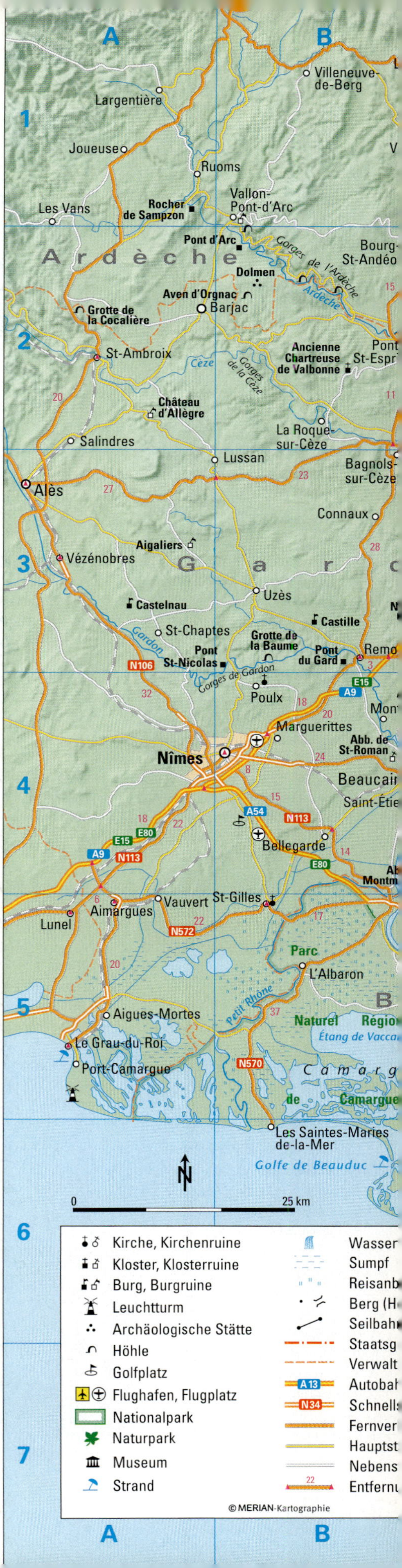

A
B
Largentière
Villeneuve-de-Berg
Joyeuse
Ruoms
Les Vans
Rocher de Sampzon
Vallon-Pont-d'Arc
Pont d'Arc
Gorges de l'Ardèche
Bourg-St-Andéol
Ardèche
Dolmen
Aven d'Orgnac
Barjac
Grotte de la Cocalière
St-Ambroix
Cèze
Gorges de la Cèze
Ancienne Chartreuse de Valbonne
Château d'Allègre
Salindres
La Roque-sur-Cèze
Lussan
Bagnols-sur-Cèze
Alès
Connaux
Aigaliers
Vézénobres
Gard
Uzès
Castelnau
Castille
St-Chaptes
Gardon
Grotte de la Baume
Pont St-Nicolas
Pont du Gard
Gorges du Gardon
Poulx
Marguerittes
Abb. de St-Roman
Nîmes
Beaucaire
Bellegarde
Vauvert
St-Gilles
Aimargues
Lunel
Parc
L'Albaron
Petit Rhône
Aigues-Mortes
Naturel
Étang de Vaccarès
Le Grau-du-Roi
Port-Camargue
Camargue
de Camargue
Les Saintes-Maries-de-la-Mer
Golfe de Beauduc
N
0
25 km
N106
N113
N572
N570
A9
A54
E15
E80
1
2
3
4
5
6
7
Kirche, Kirchenruine
Kloster, Klosterruine
Burg, Burgruine
Leuchtturm
Archäologische Stätte
Höhle
Golfplatz
Flughafen, Flugplatz
Nationalpark
Naturpark
Museum
Strand
A13
N34
© MERIAN-Kartographie

**MERIAN-ORBIT**
**Aus 700 Kilometern Höhe zeigt atellitenaufnahme erstaunliche Details: Die hochalpinen Gipfel l auch im Sommer mit Schnee bedeckt, die weiße Haube des nt Ventoux hingegen ist Kalkschotter. Deutlich zu identifizieren: Étang de Vaccarès, Lac de Sainte-Croix und Luberon, Küstenstädte, Inseln**

## MERIAN | WARNUNG

### Feuer und Flamme

Die Provence gehört zu den am meisten durch Waldbrände gefährdeten Regionen Europas: heiße Sommer mit nur wenigen Millimeter Regen, dazu anfachende Winde, Scirocco und Mistral. Wegen der Landflucht der Bevölkerung, besonders aus der Haute-Provence, wurden aus den Nutzlandschaften verwilderte Wiesen mit kleinen Büschen und hohen Gräsern – ideales Terrain für Brände. Selbst die typisch provenzalische Vegetation hat ihre Tücken: Wild wachsende Küchenkräuter wie Thymian oder die Harze der Kiefern wirken wie Brandbeschleuniger. Die größte Gefahr für die Wälder der Provence ist indes der Mensch: Nur 15 Prozent aller Brände gehen auf natürliche Ursachen wie Blitzeinschlag zurück. Vor allem Unachtsamkeit vernichtet jährlich 30 000 Hektar Wald. Hinweise auf erhöhte Waldbrandgefahr deswegen unbedingt ernst nehmen!

## BÜCHER

**Merian live! Côte d'Azur** **Gisela Buddée, Travelhouse Media 2005, 7,95 €** Die besten Adressen zum Übernachten, Essengehen, Sightseeing. Mit praktischem Tourenplaner, Kartenatlas und Stadtplan von Nizza.

**Provence** **Michelin – Grüne Reiseführer, Travelhouse Media 2006, 19,90 €** Knapp und trotzdem detailreich. Mit einem nützlichen Glossar zu Architektur und Kunst.

**Provence & Côte d'Azur** **Ralf Nestmeyer, Verlag Michael Müller 2006, 24,90 €** Wenige Bilder, umso mehr Information. Gut recherchiert, unterhaltsam geschrieben. Nicht nur für Individualreisende die erste Wahl.

**Provence** **Reisen für Genießer Klaus Simon, DuMont 2005, 12,90 €** Die Sehenswürdigkeiten, die Landschaften, die Kulinaria – hier wird alles zum Genuss.

**Géoguide Provence** **Manuel Jardinaud u. a., und** **Géoguide Côte d'Azur** **Vincent Granferry u. a., Gallimard 2006, je 11,90 €** Nüchtern und schnörkellos haben die emsigen Autoren möglicherweise wirklich alles zusammengetragen, was man über den Südosten Frankreichs wissen kann. Wenn Sie nur einigermaßen Französisch können, sind Sie mit den beiden Bänden optimal bedient.

**Matisse. Über Kunst** **Hrsg. Jack D. Flam, Diogenes 2005, 9,90 €** Ein Überblick von Leben und Werk des Künstlers. Aufsätze, Reproduktionen, Gespräche und eine Fotodokumentation.

Leicht entfacht, kaum zu bekämpfen

**Das Starlet und der Parfumeur. Glanzlichter der Côte d'Azur** **Ellen K. Jaeckel, Peter Peter, Picus 2005, 13,90 €.** Kenntnisreiche Feuilletons über die Grimaldis, Brigitte Bardot oder La Belle Otéro und mehr. Großes Lesevergnügen.

**Erzähl mir vom Süden ...** **Ein literarischer Reiseführer durch den französischen Midi Manfred Hammes, Wunderhorn 2005, 24,80 €** Exzellent recherchiert. Ein Füllhorn von Anekdoten über Autoren und die Spuren, die sie hinterließen.

**Transit** **Anna Seghers, Aufbau 2005, 7,95 €** Roman von 1944 über das Schick-sal der Emigranten und Flüchtlinge in Marseille zu Beginn des Zweiten Weltkriegs.

**Das Leichtgewicht** **Olivier Adam, Schirmer Graf 2005, 18,80 €** Aktueller französischer Bestseller über einen jungen Boxer in den Pariser Banlieues, der zurückkehrt in die Heimat an der Côte d'Azur.

**Bonjour tristesse** **Françoise Sagan, Ullstein 2005, 7,95 €** Klassiker (1954) über das intrigante Spiel einer 17-Jährigen gegen die Liebhaberin ihres Vaters während eines Riviera-Urlaubs.

**Die gordische Schleife** **Bernhard Schlink, Diogenes 1988, 8,90 €** Luberon-Krimi vom Autor des „Vorlesers".

**Feinschmecker-Guide Provence & Côte d'Azur** **Beilage des Gourmet-Magazins „Der Feinschmecker", erscheint voraussichtlich im Juni 2006, 6 €.** Broschüre mit über 300 ausgewählten Hotels, Restaurants, Weingütern und kulinarischen Einkaufsadressen – getestet und bewertet von der „Feinschmecker"-Redaktion.

## Daten

### Region Provence – Alpes – Côte d'Azur

**Einwohner** ca. 4,7 Millionen
**Städte** Marseille/Aix-en-Provence 1,4 Mio. Einw., Nizza 890 000, Toulon 520 000, Avignon 250 000 (jeweils Großraum)
**Fläche** 31 400 km²
**Gliederung** Die Region besteht aus sechs Départements, davon werden fünf in diesem Heft präsentiert: Alpes-de-Haute-Provence und Alpes-Maritimes, Bouches-du-Rhône, Vaucluse und Var.
**Bevölkerung** 90 % leben im Einzugsgebiet der drei Großstädte Nizza, Toulon und Marseille. Das Département Bouches-du-Rhône (5100 km²), eine der dichtbesiedelsten Gegenden Frankreichs, hat 1,8 Millionen Einwohner – im Département Alpes-de-Haute-Provence (6900 km²) gibt es nur 20 Menschen/km².
**Politik** Bei den Wahlen zum Regionalrat 2004 siegte ein Bündnis aus Sozialisten, früheren Kommunisten und Grünen mit 45 % der Stimmen. Neogaullisten und Liberalkonservative erreichten 34 %, der ultrakonservative Front National 21 %.
**Wirtschaft** Nur 2,6 % der erwerbstätigen Bevölkerung arbeiten in Fischerei oder Landwirtschaft, über 80 % im Dienstleistungssektor, vor allem im Tourismus. Nahe Antibes floriert der Technologiepark Sophia-Antipolis mit mehr als 1000 Unternehmen, die Schwerindustrie der Hafenstadt Fos-sur-Mer kränkelt. Arbeitslosenquote: 12 %.
**Geographie und Klima** Der Untergrund besteht aus Kalkstein und Porphyr, einem Vulkangestein. Die durchschnittliche jährliche Regenmenge der Provence beträgt 800 mm/m². Das ist so viel wie in der Bretagne, allerdings fällt Regen fast nur im Winter. 80 Regentage im Jahr werden gezählt – und 2800 Sonnenstunden. Die **Wassertemperatur** des Meeres liegt im Sommer zwischen 20 und 22 Grad, die Lufttemperaturen sind von April bis Oktober sommerlich.

## AKTIV

Ob in den Bergen oder am Meer, hoch in der Luft oder unter der Erde: In der Provence sind dem Aktiv-Urlauber keine Grenzen gesetzt.
Gemächlich über Hochplateaus radeln, im Wildwasser durch Schluchten raften, exklusiv golfen oder in senkrechten Felswänden klettern – die Provence bietet beste Bedingungen für fast alle Sportler.

### Paragliden und Ballonfliegen

Der Ort St-André-les-Alpes in der Haute-Provence ist wegen außergewöhnlich guter Thermik in fester Hand der Paraglider. Ein fünftägiger Einführungskurs kostet 445 €.
**Aerogliss, Tel. 04 92 89 11 30**
**www.aerogliss.com (I 3)**
Etwas weniger Adrenalin, dafür mehr Muße: Die Provence von oben bewundern, im Heißluftballon oder Segelflieger. Startplatz: **Aérodrome Tallard bei Gap**
**Tel. 04 92 54 32 10**
**www.gap-tallard.com (G 1)**

### Tauchen

Imposante Tauchgebiete liegen gleich vor Marseille, an den scheinbar bodenlos abfallenden Sockeln der vorgelagerten Inseln oder bei Cassis. Bei Giens und Fréjus können vor allem Schiffswracks ertaucht werden. Tauchsaison ist von Ende März bis November. Anfängertauchgänge bis in sechs Meter Tiefe kosten ca. 50 €.
Tauchschulen gibt es in fast jeder Küstenstadt, z. B. in Cassis
**Cassis Services Plongée**
**Tel. 04 42 01 89 16, www.cassis-services-plongee.fr (E 6)**
oder in Giens
**Sub Plongée, Tel. 04 94 58 25 30**
**www.sub-plongee.com (G 7)**

### Windsurfen

Einige „Spots" liegen in der Bucht von Saint-Tropez, vor allem bei **Sainte-Maxime (I 6)**. Die besten Bedingungen sind aber meist auf der Halbinsel bei Hyères, dem südlichsten Punkt der **Côte d'Azur (G/H 7)**. Hier treffen sich auch die Kite-Surfer der Region. Achtung: Wer hier zum ersten Mal surft, unterschätzt bei starkem Mistral schnell die Kraft des Windes. Für Surfer günstige, da gleich an den Stränden der Halbinsel gelegene Unterkünfte:
**Camping International**
**Tel. 04 94 58 90 16**
**www.international-giens.com**
**oder Studio 2* Sur la Plage**
**Tel. 06 78 56 95 45**
**www.hyeres-plage.com**

**Verwegene Seilschaft: Gleitflug am Schirm übers Meer**

### Wandern und Klettern

Zahlreiche Wanderrouten gibt es auf dem Plateau de Vaucluse, der Montagne Sainte-Victoire und im Massif des Maures, dem Küstengebirge zwischen Fréjus und Toulon. Schöne Wege führen auch durch das Naturschutzgebiet Luberon, das Massif de l'Esterel und die Verdon-Schlucht. Wanderführer und Karten im Maßstab 1:50 000 sind über den französischen Wanderverein erhältlich: **La Fédération Française de la Randonnée Pédestre**
**Tel. 04 91 32 17 11**
**www.ffrandonnee.fr**
Die Kalkwände der Provence sind außerdem ideale Klettergebiete. Ein Tageskurs in La-Palud-sur-Verdon kostet 60 €. Führer können hier auch für indiviuelle Touren gemietet werden. **Bureau des Guides du Verdon, Tel. 04 92 77 30 50**
**www.escalade-verdon.com (H 4)**

### Kajak, Rafting und Canyoning

Ab Castellane gemütlich im Kajak durch die ruhigen Teile der Gorges du Verdon paddeln, Europas größten Canyon, die reißenden Passagen im Schlauchboot raften oder den Nervenkitzel beim Canyoning im Jabron erleben, einem Zufluss des Verdon. Zwischen April und September, erfrischend im Juli und August.
**Aboard Rafting, Castellane**
**Tel. 04 92 83 76 11**
**www.aboard-rafting.com (H/I 4)**

### Höhlen

In Jahrmillionen entstanden im Kalkstein unzählige unterirdische Räume, vor allem im Nationalpark Mercantour. Viele Höhlen verschlossen oder nur vom Meer aus tauchend zu erobern. Einige kleinere Höhlen können besichtigt werden:
**Höhlen bei Saint-Cezaires (K 5)**
**Tel. 04 93 60 22 35**
oder die **Grotte de la Baume Bonne** mit prähistorischen Wandmalereien in **Quinson (G 4)**
**Tel. 04 92 74 09 59**
**www.museeprehistoire.com**
Wer in nicht erschlossene Höhlen will, wendet sich an die
**Fédération Française de Spéléologie Côte d'Azur**
**Tel. 04 72 56 09 63**
**www.ffspeleo.fr**

### Fahrrad (s.S.40)

### Mountainbike

Rund um Gréoux-les-Bains sind mehr als 300 Kilometer Routen ausgeschildert. **Office de Tourisme Gréoux-les-Bains:**
**www.greoux-les-bains.com**
**Tel. 04 92 78 01 08 (G 4)**
Der Mountainbike-Klassiker: Zum Gipfel des Mont Ventoux auf der Normalstraße und bergab über ein Schotterfeld in die Schlucht Combe Fiole und nach Sainte-Colombe. **(D/E 2/3)**

### Golf

Mehr als 40 ausgezeichnete Golfplätze gibt es insgesamt in der Provence, zehn allein in den westlichen Départements Bouches-du-Rhône und Vaucluse. Viele Plätze liegen abgelegen und landschaftlich reizvoll im ruhigen Hinterland auf hügeligem Terrain, andere unmittelbar an der Küste. Eine Auswahl.

Luxuriöser geht es nicht: Die Plätze Le Château und Le Riou im Hinterland von Cannes gehören zu den besten Frankreichs. Entworfen von Stararchitekt Dave Thomas. Gewohnt wird in großzügigen Appartements oder gleich in Villen mitten auf dem Platz.
**Golf Resort Terre Blanche**
**(I 5) Tourrettes**
**Tel. 04 94 39 98 65**
**www.terre-blanche.com**

Eine mittelschwere 18-Loch-Anlage in flachem Terrain, dafür mit vielen Wasserhindernissen gleich vor den Toren Avignons. Golfen mit Blick auf den Mont Ventoux.
**Golf Grand Avignon**
**(C 3) Avignon-Vedene**
**Tel. 04 90 31 49 94**
**www.golfgrandavignon.com**

Einer der schönsten Golfplätze Frankreichs, 40 km entfernt von Saint-Tropez, in der Nähe des Bergdorfs La Motte-en-Provence. Spektakulärer 18-Loch-Kurs, umrahmt von Steilhängen auf einem Plateau oberhalb des Flusses Endre.
**Les Domaines de Saint Endréol – Golf & Spa Resort**
**(I 5) La Motte-en-Provence**
**Tel. 04 94 51 89 80**
**www.st-endreol.com**

Zu kräftige Schläge landen im Meer: Dolce Frégate liegt direkt an der Küste bei Bandol, eine halbe Stunde Fahrt außerhalb von Marseille zwischen Weinbergen und Pinien.
**Dolce Frégate Golf**
**(F 7) Saint-Cyr-sur-Mer**
**Tel. 04 94 29 39 39**
**www.fregate.dolce.com**

Luxusturm: Das Hotel Burj Al Arab ist eine moderne Legende

Junge arabische Künstler feiern in Sharjah Erfolge

Alltag im Oman: Die Fischer von Musandam

**In Dubai ist alles größer und glitzernder als anderswo und der finanzielle Überfluss der Ölscheichs allgegenwärtig. Doch neben Bauwahn und Bikini existiert das ursprüngliche Arabien mit Beduinen, Bauchtanz und Burka: 1001 Nacht im 21. Jahrhundert**

- Architektur: Kunst-Inseln und der höchste Turm der Welt
- Luxus: Die Hotels der Scheichs lassen keine Wünsche offen
- Menschen: 90 Prozent der Einwohner sind Ausländer
- Schmuggler: Die Nachfahren von Sindbad dem Seefahrer
- Oman: Grüne Berge und palmengesäumte Küsten

Zuletzt erschienen:

März 2006

Februar 2006

Januar 2006

Dezember 2005

November 2005

Oktober 2005



**Die nächsten Ausgaben von MERIAN sollten Sie nicht verpassen: München, Malta, Prag, Paris, Münsterland, Finnland Abotelefon 040-87 97 35 40 oder www.merian.de**